谨以此书
向所有参加抗美援朝的老战士们致敬!
向伟大的抗美援朝精神致敬!

应战
我的抗美援朝

秦 远 著

中华书局

图书在版编目(CIP)数据

应战:我的抗美援朝/秦远著. —北京:中华书局,2023.11
ISBN 978-7-101-16358-2

Ⅰ.应… Ⅱ.秦… Ⅲ.抗美援朝战争-史料 Ⅳ.E297.5

中国国家版本馆 CIP 数据核字(2023)第 195599 号

书　　名	应战:我的抗美援朝	
著　　者	秦　远	
责任编辑	欧阳红	
责任印制	陈丽娜	
出版发行	中华书局	
	(北京市丰台区太平桥西里 38 号　100073)	
	http://www.zhbc.com.cn	
	E-mail:zhbc@zhbc.com.cn	
印　　刷	天津善印科技有限公司	
版　　次	2023 年 11 月第 1 版	
	2023 年 11 月第 1 次印刷	
规　　格	开本/710×1000 毫米　1/16	
	印张 15¾　插页 2　字数 176 千字	
印　　数	1-10000 册	
国际书号	ISBN 978-7-101-16358-2	
定　　价	58.00 元	

目　录

序一………齐德学 1

序二………罗　援 3

序三………童　宁 7

一、电影《上甘岭》8 连连长张忠发原型，一等功臣　张计发………1
那时候，大家渴得连自己的尿都不舍得喝，先给还能作战的战友们喝。

   1．16 岁加入抗日队伍………5

   2．19 岁加入八路军，从鬼子手里夺到人生第一把枪………6

   3．抗美援朝立功………7

   4．一个苹果的故事………8

   5．不拖累部队，患病后果断选择转业………9

二、上甘岭上勇敢的"神炮手"，一等功臣　周继成………15
当看到黄继光满身的弹孔，我们所有人都恨极了……那时候也不考虑什么死不死的，就是要为战友报仇。

   1．血书明志，执着参军………19

2. "小黄牛"称号的由来………22

3. 夜袭敌人，大获全胜………24

4. 与黄继光战场认老乡和兄弟………25

5. "打不掉坦克我就不叫'小黄牛'"………27

三、电影《上甘岭》卫生员王兰的原型之一　吴　炯………37

不写英雄榜，便涂烈士碑。

含冰化雪，一滴滴喂到男伤员的嘴里。

1. 写血书表决心，成为一名志愿军战士………41

2. 上甘岭上的女卫生员，含雪喂伤员………42

3. 因为表现英勇，被选为英模代表………44

4. 深藏功名，服务社会………46

四、朝鲜战场上英雄事迹的书写者　任红举………51

落笔即磨刀，字字斩敌首。我们每个字都是一杆枪，挥笔即磨刀，我写出来就是杀你。

1. 以笔杆为枪，笔尖颂英雄………54

2. 为战友顽强的斗志而泪洒战场………57

3. 书写"金星英雄"胡修道………59

4. 归国后继续讴歌军魂，退伍不褪色………63

五、保护彭德怀的志愿军司令部警卫营营长　丁朝忠………67

彭德怀司令员两天两夜没合眼，没吃东西。彭总讲："我回去咋交代，我回国向
毛主席怎么交代？"

　　1．孤军入朝探敌情………71

　　2．保护首长，首次遇到敌机轰炸………71

　　3．目睹毛岸英烈士牺牲经过………74

　　4．英勇智斗王牌军………75

　　5．不灭光辉永传承………77

六、历经八次手术的一级伤残军人　涂伯毅………81

虽然现在我的手卷曲了，我的面容改变了，但是我的灵魂没有改变。

　　1．被汽油弹烧成一级伤残………85

　　2．伤势严重，回国治疗………87

　　3．积极生活，收获爱情之花………93

　　4．能活着回国就是一种幸福………95

七、电影《长津湖》"冰雕连"艺术原型　周全弟………101

为了坚守命令，浑身已经失去了知觉，大便和小便都在裤子里解决了。

　　1．从"小幺儿"到志愿军战士………105

2. 激烈的长津湖，光荣的"冰雕连"………108

3. 重拾希望"过三关"，从伤残军人到"抱笔书法家"………113

八、"三八线"上与敌军飞机"捉迷藏"，一等功臣　王仁山………125

为什么要拼了命往前线送物资？刚入朝时，我看见了美国飞机极端残忍的一面，就连一头在耕地的牛都不放过，太没人性了。

1. 汽修学徒的"参军梦"………129

2. 不怕牺牲，力保钢铁运输线………131

3. 重返朝鲜，纪念战友………134

九、"万岁军"军需物资运送者　冯占武………139

咱们祖国的粮食运不上来，俺们就没有吃的了，马和人都没有吃的了。

1. "骡马炮兵"入朝作战………144

2. 不顾生死运送物资、保障供应………147

十、孤胆守高地，掩护部队转移　杨树柏………155

就算扑上来再多再凶猛的敌人，我也要拼尽全力打退他们，绝不能让他们轻易占领高地。

1. 起义入伍，决心跟党走………158

2. 入朝作战，掩护部队转移………160

3. 转业回家支援农村，困难自己扛………165

十一、朝鲜战场勇救排长的通信兵　尚兆禄………171

毛主席号召"抗美援朝，保家卫国"，那时候也不在乎生死，出国就出国。

1. 响应号召，出国作战………174

2. 勇救排长的经历………176

十二、战场四次负伤，与敌人拼刺刀的战斗英雄　梁万昌………181

从入朝一直到最后，就没有一个人寻思将来会活着回国，都抱着一死拉倒这么一个态度。

1. 整编后继续留部队参加大生产………184

2. 响应号召，出国作战………186

3. 与敌人展开白刃战………189

十三、为志愿军战鹰保驾护航的地勤兵　沈奎观………197

早上还笑着道别的战友，几个小时后就壮烈牺牲，永远也无法再见。

1. 放弃公职，追寻保家卫国参军梦………200

2. 后勤也是战斗，也是保卫国家………202

十四、走过抗美援朝战场的百岁将军　董占林⋯⋯211

"你打你的原子弹，我打我的手榴弹。"这是毛主席的原话。

1. 无依无靠的小长工，终于加入了"穷人的队伍"⋯⋯215

2. 在战斗中成长，三获"通令嘉奖"⋯⋯217

3. 从剿匪到入朝⋯⋯218

后　记⋯⋯231

序一

当秦远同志告诉我,他写了一本有关抗美援朝的书请我把关的时候,我欣然接受。接受的主要原因是这个小伙子一直以来对英雄的敬重和景仰,让我觉得这是当下青年人应该需要的。第一版书稿看完后,我批注"此书内容很好,意义很大",同时也对一些史实进行了修订。这本书名为《应战:我的抗美援朝》,我一看就大概明白了他的用意,书中以一个青年电视工作者采访抗美援朝老英雄的亲身经历和感悟为主要内容,把一个个鲜活的志愿军形象真实而生动地展现给读者。后来,秦远提议让我为此书作序,我既感到荣幸又感到压力,经过思考写下这段文字。

一看到书名,"应战"二字,我知道这是秦远在 2020 年参与执导纪念抗美援朝出国作战 70 周年纪录片的片名,那时候他和摄制组成员来到我的家中对我进行采访。在采访中他给我的第一印象是性格直爽,且对红色历史题材有一定的研究。我们进行了长时间的沟通和交流,那时候我觉得这个青年人有希望,能够在不到 30 岁的年龄,对这类题材如此感兴趣是十分可贵的。因此,我想他起名"应战",其中一个因素应该和这部他参与创作的纪录片有关,这是秦远同志关于抗美援朝,他的"应战"记忆。

"一个有希望的民族不能没有英雄,一个有前途的国家不能没有先锋。"秦远创作的这部作品里面,每一个老战士都是英雄,都值得我们崇敬，那么，这本书也是每一位老英雄的抗美援朝，是他们的记忆。因此，我想这是书名的第二层意思。这本书最大的意义是作者作为一个电视工作者，能够将对英雄的崇敬形成文字记录下来，歌颂英雄，传播抗美援朝精神。这不是每一个电视工作者都能做到的，他很有心地把这些采访感受汇成文字，可见他用心了。因此我认为秦远同志这件事做得很有意义，正如他这个人一样，给我的感觉永远是热情、直爽和坦荡，令人信任。这些年的交往中，他经常会因为某些军事史实而向我请教，我能感觉到这个看似大大咧咧的青年人内心有很严谨的工作态度，所以这本《应战：我的抗美援朝》能够创作出来，不是偶然的，更是令人欣慰的。作为一名老同志，有理由为此书作序，支持青年同志。同时也向书中英雄和抗美援朝的所有敢于应战的英雄们致敬。

军事科学院原军事历史研究部副部长、《抗美援朝战争史》主编、少将
齐德学
2023 年 8 月 12 日

序二

　　看了秦远同志 8 月下旬寄来的《应战：我的抗美援朝》的样稿，感触良多，把记忆一下子拉回到三年前，也就是 2020 年。这一年是中国人民志愿军出国作战 70 周年，各种相关新闻报道成为当年的主旋律。同样是在这一年，秦远同志和我联系，说是中央广播电视总台要制作一部抗美援朝的外宣纪录片，想请我作为采访嘉宾。作为一名军人，我感到责无旁贷，欣然答应。

　　我和他的见面是在朝阳区一处电影主题酒店的咖啡馆，据说这个园区是电影《长津湖》导演徐克的办公地。秦远把我从军事科学院家属院接到朝阳区，见到这个青年人，感觉他既热情又阳光，学识渊博，性格直爽，充满朝气。他向我咨询了很多有关抗美援朝史料和专家方面的问题。他说，他们当时正在抢救资料，急需采访参加过抗美援朝的老战士，我推荐了一些。也就是在这次详谈中，他看了我给他推荐的抗美援朝一级伤残军人涂伯毅的事迹。没想到秦远同志用情用心，很快便开始行动，不久后我就收到了他们前往四川省革命伤残军人休养院采访涂伯毅的视频，画面让我极为感动。

　　后来，我开始接受他的正式采访，我们聊了很多，时间、地点、人物、细节、背景……他问得很仔细，让我感受到了一个青年导演对工作的责任心和对那段历史的敬畏。于是，我推荐他去采访我的老首长董占林司令员，也就是书中的人物之一。这次采访老首长很高兴，也为他录下了宝贵的影像资料。此片经过较长时间紧张和严谨的制作，10月份的一天，秦远同志很兴奋地告诉我，抗美援朝纪录片通过审核，即将在10月25日顺利播出。70年前的10月25日，中国人民志愿军打响入朝作战的第一枪，以光荣的胜利拉开了伟大的抗美援朝战争的帷幕。1951年，党中央把10月25日定为抗美援朝纪念日。他们这部片子时长50分钟，片名为《应战：抗美援朝中国出兵揭秘》，我想秦远这本书的书名和当时的片子是有关联的。片子播出后，引起国内外强烈反响，据说还入围了"白玉兰"奖"最佳纪录片"。

往后的几年，秦远同志经常向我咨询一些问题，我也是知无不言。在后来他担任导演的创作过程中，只要是和军史题材相关，他都会主动邀请我说两句。他勤奋好学、谦逊严谨的工作作风，也深深地感染了我，每每在交谈的过程中可以碰撞出灵感的火花。

令我没有想到的是，他竟然把自己采访的抗美援朝老战士经历，写成了一本书，这是让我很意外的。因为我知道写书并不容易，落笔无悔，一笔一画写下去，那就是一段历史，存此为照；那就是一片真情，情深化为精卫鸟。写书，除了需要严谨的历史考证，还需要文字上的字斟句酌，更需要作者的真情实感。这几点，秦远都做到了。

当下我们的国家正处在百年未有之大变局，正需要敢于为国应战的英雄，需要歌颂英雄，学习英雄，而这本书的意义就在于此。比如书中的张计发是电影《上甘岭》8连连长张忠发的原型人物，通过对张计发这些英雄人物的历史还原，我再次了解了更多有关抗美援朝战争背后的感人故事，心灵再次受到震撼和洗礼。

秦远同志邀请我为此书作序，我思考了很多，脑海中浮现出习近平总书记说的一段话："一个有希望的民族不能没有英雄，一个有前途的国家不能没有先锋。"我想，这就是这本书的创作初衷和全部要义。希望此书可以得到广泛的推广，能吸引更多的读者，直逼人们的心灵深处。

想说的话很多，千言万语汇为发自内心的呼唤：向抗美援朝的老英雄们致敬！向作出伟大战略决策的共和国先辈们致敬！

应战，面对风高浪急、惊涛骇浪！应战，面对任何强敌的挑战！

军事科学院原世界军事研究部副部长、著名军事专家、少将
罗　援
2023 年 9 月 3 日写于北京

序三

当青年电视导演秦远把《应战：我的抗美援朝》书稿的电子版发给我时，我着实吃了一惊。我在电视台工作了40年，知道电视台的导演任务繁重，片子一个接一个，劳动强度极大，哪里有业余时间再去写一本书呢？更何况，他的纪录片也刚刚播出不久，现在书就出来了，让我诧异。原本以为此书只是将电视纪录片中的解说词和同期声做了一个精华集萃，细细一看，才发觉这是秦远导演写的一部长篇纪实作品。电视纪录片是视听艺术，表现方法多管齐下，有画面、解说词、同期声、音乐、音响、字幕、图形、图标，因而电视纪录片的表现力和感染力是很有冲击力的。现在，用文本的形式来表现抗美援朝的老英雄，我不禁为秦导捏了一把汗。我在手机上认真阅读了这部为抗美援朝的老英雄树碑立传的著作。

看完此书，我不禁拍案叫绝。这本书的写法独辟蹊径，自成一路。此书全靠现场采访，采访成功了，这本书也就成功了。细细看来，该书体现了以下几个特点。

一是现场采访使"这一个"老英雄立体化。

电视现场采访是指电视导演在事件的现场，对当事人、目击者、知情者或有关人士进行的采访活动。它能够把导演的采访通过屏幕直接传达给观众，使观众看到的不仅仅是采访的结果，而且也是采访的全过程。现场采访通过导演同被采访对象的交流，提供事件背景，展示人物的心理活动、行为活动并发表其观点和见解，因而能够深化电视纪录片的内容。

秦远导演的采访活动运用了大量的即兴采访。书中的描述，证实了我的判断。这里的即兴采访便是导演独具匠心的安排。如果光用解说词说老英雄，就略显单薄。而用即兴采访的方式一处理，便使节目轻松了许多，生动了许多，鲜活了许多，好看了许多。体现在书中，自然也把老英雄的大无畏气概淋漓尽致地表现了出来。如何使被访者很快进入状态，秦远聊起了美国，"现在美国又猖狂了"，张计发回答："美国啥时候都猖狂得很，非得狠狠揍他才老实。"他的回答让在场的所有人都笑了。在这样的对话中，我们看到了张计发老前辈眼中的坚毅和果断，看到了年轻时的他端起机枪在上甘岭向美军英勇扫射的场景。

我们能够看出即兴采访极具电视特色，是展示采访者的个性魅力、显示个人实力的采访活动。它体现了电视声画并茂的现场纪实的最本质特征，凭借现代电子技术，把导演在现场的采访活动呈现在屏幕上，使观众产生见其人闻其声、身临其境的感觉，从而大大增强了采访的真实感、生动感、亲切感、参与感。毋庸置疑，导演和老英雄的对话也使张计发这个人物更具有了让观众和读者信服的一面，使"这一个"老英雄更立体化了。这不能不说在这个问题上，秦远导演是下了大功夫的。

电视即兴采访的特色和个性就在于"在现场、是即兴"！所有的一切都是在现场即兴进行的：询问、调查、研究、证实、旁证、核实、提问、反问、追问、逼问等等。由于采访与拍摄是同步进行的，又由于现场的直观可视性，使即兴采访具有极大优势的同时，也具有现场时空之易逝的特点，从而也就使它具有种种局限和难度，因此它对导演就提出了更高的要求。首先，要求导演善于在镜头前掌握时间，从容不迫地报道事态、表达思想；其次，善于在现场组织谈话，引导谈话，以我为主，为我所用；第三，善于在现场瞬间，随事态变动而迅速作出反应、判断。当然，电视导演只有在对抗美援朝做大量调查研究的基础上，才能成功地驾驭即兴采访。秦远导演确实做到了这一点。

即兴采访是产生深度纪录片的强有力手段。可以这样说，现场采访难，现场采访中的即兴采访更难、更险、更悬。惟其难，才有刺激和惊险；惟其险，才有险胜和精彩；惟其悬，才能悬殊和风光。秦远是走在一条钢丝上的电视导演，他是想出奇制胜，走一条常人不走的路。

二是案头工作做得非常细，即兴采访很到位。

即兴采访可以用来创作电视深度纪录片。所谓纪录片有深度，就是一种阐明事件因果关系、预测事件发展趋向的节目形态，它不仅要说明事件发生的来龙去脉、前因后果，而且还要分析它的意义，预见事件的发展和影响。所以，那些对事件进行解释性、调查性、分析性等一切具有思想深度的内容，均属深度纪录片的范畴。毋庸置疑，深度纪录片是要对事物追根寻源的，是要挖掘事物内涵本质的；要着眼现在，更要预测未来。电视即兴采访是创作深度纪录片的必要手段。

即兴采访很有活力，也很精彩，但它的"彩"在何处，缘何得"彩"？只有在工作中慢慢体会，才能感觉出来。即兴采访究竟有哪些特点呢？

第一，即兴采访具有强烈的调查色彩。不到现场，没有拍到老英雄的声音、画面，这片子的分量就会大打折扣。秦远采访了 14 位亲历抗美援朝的老英雄，他采访英雄，学习英雄，为抗美援朝的英雄树碑立传，这是秦远的幸运，更是电视人的光荣。

第二，即兴采访具有悬念般的迷人色彩。到了现场的第一件事，就是采访。往往此时导演就打开了话筒，同时也就打开了摄像机，导演也就张开了嘴巴……向周围的人问什么、采访什么、调查什么，这一切都是悬念。如果调查和拍摄同步，提问与纪录同步，声音与画面同步，导演与摄像同步，那就只有使用即兴采访——根据眼前正在发生的一切，根据一些细枝末节的变化，导演有所感触，提出问题进行即兴采访。由于事件正在发展，结果是无法预料的，那么，即兴采访的效果就具有悬念的功能。

第三，即兴采访具有不容置喙的印证功能。过去说，黑纸白字，铁证如山。现在说，红口白牙，不容抵赖。当然，"红口白牙"，不是说仅仅限于批评报道中的调查取证。在正面报道中，"红口白牙"同样具有印证或加以证实的作用。

第四，即兴采访具有镂金雕玉的刻画功能。通过即兴采访，人物也会焕然出彩，人物也会掷地有声，人物也会因语言有特色而被观众牢牢记住。因此，我们说即兴采访具有镂金雕玉的刻画功能。

三是聚沙成塔与光芒四射。

即兴采访是建立在积累的基础之上的，有如聚沙成塔，继而塔高灯明，光芒四射。那么，聚沙该如何成塔？怎样才能聚到灯塔的高度并使之亮如白昼灿烂耀眼呢？笔者认为秦远在以下几方面日积月累，持之以恒，厚积薄发，才达到今天创作纪录片一发而不可收的境地。

第一，笔记。秦远导演说他采访了许多志愿军老战士，对军功章也进行了相应的研究学习。他发现，张计发胸前佩戴的军功章大多级别较高。其中，一等功奖章和朝鲜民主主义人民共和国颁发的金质奖章格外夺目。他感慨道：这是对一个战士在战场英勇杀敌的崇高褒奖。

好记忆不如烂笔头，笔记的重要性千万不可忽视。有人误认为即兴采访靠的是灵感思维，不必死凿硬啃，根本不需下笨功夫；那些扎扎实实做案头工作，进行大量请教、研讨、商量等办法的人是愚蠢，是没有灵气，是无才气的表现等等，这显然是一种错误的认识。即兴采访不等于不做认真细致的前期采访，不等于不做认真细致的笔记，更不等于手拿着话筒到了现场还心中无数，张口结舌，张皇失措，甚至语无伦次不知所云。秦远导演是坚持做采访笔记的。他坚持做一个节目，就有一本笔记，这里面包括日记、工作、构思随想、采访笔记、随笔、杂感、文章、经验谈、总结报告、解说词、照片等等。除了对完成工作任务有帮助，这一本笔记更是个人独有的财富。它纪录着昨天，创造着自己的今天，也为明日的成就之塔积累着高度。它纪录着自己的创作心历路程，纪录着自己的痛苦，纪录着自己的失误，纪录着自己的得意处，纪录着自己的与众不同。笔记，实际上是为自己的成长做着纪录。坚持笔记数年，终身受用不浅。谁的笔记记得勤，谁就是成功者。

第二，脑汁。开动脑筋、绞尽脑汁是搞好即兴采访的保证。虽然笔记记得勤，但不对笔记加以提炼，加以概括，加以升华，那这种笔记就仅是笔记而已，而不能最大限度地发挥作用。秦远将自己的生活积累做了充分的调动，把枯燥的新闻变成了鲜活的东西。这样，导演的脑汁产生的润滑作用使节目变得能量巨大，效力无穷。

第三，胃口。我不是说搞即兴采访要能吃，要胃口好；不能吃，不会喝就不会即兴采访。我这里的胃口是指善于从各门学科中吸收养料增加见闻，使自己的学识与口才日益提升，从而能够胜任即兴采访的工作。电视是一个巨大的胃，能够吃进很多知识，能够消化很多知识。秦远有得天独厚的专业知识的滋润与熏陶，他的画面感和声音感应该高于同龄人，他的思维是电视的思维，他的感觉是电视的感觉，他的理解是电视的理解。他热爱电视，酷爱党史、国史、军史，热衷于重大革命历史题材，有着想一辈子干下去的信念。我也和他说过，每个人学历、背景不同，不同的专业所长，使每个人各有各的优势，应该取长补短，学透各路英豪的强项，那么，你这座灯塔才能光芒四射，照亮天空！

祝秦远导演创作丰收。

是为序。

中央广播电视总台资深导演、高级记者

童　宁

2023 年 8 月 25 日

一、电影《上甘岭》8连连长
张忠发原型，一等功臣

张计发

张计发接受本书作者采访时合影

那时候，大家渴得连自己的尿都不舍得喝，
先给还能作战的战友们喝。

那时候，大家渴得连自己的尿都不舍得喝，先给还能作战的战友们喝。

　　这是我在采访抗美援朝一等功臣张计发时，印象最深刻的一段话。

　　从张计发和他的家人的口中，我得知他是 1926 年 12 月 30 日出生于河北省石家庄市赞皇县的一个贫苦农民家庭。少年时代他是一个放牛娃，他的戎马生涯还要从抗日战争讲起。1942 年，16 岁的张计发参加了青年抗日先锋队，配合正规部队作战。同时，他还担负了支援前线、保护群众生产、动员青年参军等任务。1945 年 7 月，19 岁的张计发正式参加八路军。此后，这位来自华北平原的放牛娃，逐渐成长为中国人民解放军的优秀战士。

　　对张计发的采访是在河南省信阳市的一个部队医院里进行的，由于张计发常年身体欠佳，部队医院专门为他安排了一间病房，而他也已经把医院当成家。见到张计发时，我感觉到他的精神状态很不错，身穿深绿色军装，胸前挂满了荣誉勋章。他主动与我们打了招呼，声音洪亮。

　　张计发在接受采访时，突然对我讲："我叫张有福。"听完这句话我愣了，问他："您为什么叫张有福？"他说："我现在吃得好，住得好，还能看到和平的中国，难道不叫'有福'吗？"听到这段话，我和他的女儿们都笑了，原来老英雄跟我开了一个玩笑，这一下拉近了我和他的距离。

　　这一年来，我采访了许多志愿军老战士，对军功章也进行了相应的研究。我发现，张计发胸前佩戴的军功章大多级别较高。其中，一等功奖章和朝鲜民主主义人民共和国颁发的金质奖章格外夺目。这是对一个战士在战场上英勇杀敌的崇高褒奖。

在正式采访之前，我们闲聊了很多。为了快速引导张计发进入采访状态，我主动聊起了美国，其中一个情景让我印象最深。我说："现在美国又猖狂了。"他说："美国啥时候都猖狂得很，非得狠狠揍他才老实。"他的回答让我们大家都笑了，这是一位近百岁的志愿军功臣对美国的态度，是一位热血战士对蛮横国家的不屑。在这样的对话中，我注意到张计发眼中的坚毅和果断，仿佛能看到年轻时的他端起机枪，在上甘岭向进攻的美军英勇扫射的场景。

正式采访开始后，我只是进行简单的提问，而张计发不紧不慢地向我们讲述了他的戎马岁月。

1.16 岁加入抗日队伍

1942 年，16 岁的张计发加入河北省赞皇县的青年抗日先锋队。他讲道：

> 青年抗日先锋队是由村里民兵组织的先锋队。日本鬼子扫荡得太厉害，年龄大点的都参加了八路军，我们那时候还小，就配合武工队到敌占区后方活动。当时我们村里的民兵只有三支枪，先锋队每人配备两颗手榴弹，就凭这两颗手榴弹执行任务。

由于装备简陋，无法正面攻击日本鬼子，"当时的战斗大多是夜袭，上房顶，利用梯子下到屋里，抓上就走，一般也不响枪"。

2．19岁加入八路军，从鬼子手里夺到人生第一把枪

张计发正式成为一名八路军战士，还要从1945年7月说起，这一月张计发所在的青年抗日先锋队被八路军正式收编，从此，张计发正式成为八路军的一员。

刚入伍没有枪，张计发就和几个同时参军的年轻小伙子配合部队在日军占领区搞破坏。说起缴获鬼子的枪，张计发更加兴奋：

> 那时候小孩儿上电线杆非常快，上电线杆把鬼子的通讯电线砍断。当时我们已经是正式的八路军了，一次从石家庄出来，往太原的那条路上，有个很大的庙，我们查到了那里有12个日本鬼子，有20多个伪军。我那时候个子小，就负责吹号。围住庙咱也不打枪，敌人一发现就扔手榴弹。那时候没多少子弹，也没多少枪。借手榴弹爆炸的光，我看见庙里头的石墙后边露出了个枪托，就拿颗手榴弹投到里边，一炸敌人就倒了。我就冲过去想把枪拽过来，没想到小鬼子还不丢手，使劲一拽抢过枪后，又给了一刺刀，这是我第一次缴获枪支——一个三八大盖儿。

> 后来这支枪成了排里最好的一支枪。那时候有规定，谁夺的枪谁背，但是我们三排的排长都没枪，想着他们要冲锋陷阵，更加危险，我背了一天就给排长了。

张计发在给我讲抗日战争这段往事的时候，我仿佛感受到一位年轻的八路军战士，又回到了那个战火纷飞的年代。

3. 抗美援朝立功

让张计发一战成名的，是在抗美援朝战争期间。1951年，张计发作为志愿军第15军的一员入朝作战，并于次年10月30日，在上甘岭迎来了令他此生最难忘的战斗。这时候张计发已经26岁，是一位久经沙场的老兵了，担任志愿军第15军45师135团3营7连连长。

聊起抗美援朝，张计发和我讲了很多。其中有一段话，他是这样说的：

> 我连的任务是参加上甘岭战役第三阶段的反击，全面恢复我军对597.9高地的表面控制权。那一战，拼的不光是武器，还有胆气。

张计发的"武器"和"胆气"这两个词语，让我印象深刻。采访的瞬间，我仍能感受到这位志愿军老战士透露出的胆气。

进攻开始后，张计发所在部队的4连、6连先后冲锋受阻，张计发带着7连冲上去时，正迎头撞上敌后续部队。关于这次战斗，张计发在回忆录中写道：

> 突击排顶着枪林弹雨，连续冲了三次才占领阵地。敌人趁我们立足未稳，即刻组织反扑，只看见黑压压一片锃亮的钢盔，臭虫般密密麻麻地向阵地扑来。我不记得击退敌人多少次，但就算只剩8人，我连也并未后退，完成了坚守阵地24小时的任务。

4．一个苹果的故事

　　采访的后半部分，我请张计发老先生喝了一口水。喝完水后，他告诉我：比战斗牺牲更残酷的就是没有水，因为喝不上水，战士们常常口干得嘴唇裂皮，话都说不出来。实在渴得不行的时候，就往坑道两边的土里哈气，然后用嘴唇舔那一点湿气。有的人为了把生的希望留给别人，自己的小便都舍不得喝，而是留给还能够战斗的战友；步话机员常常急得打自己的嘴巴，为的是打出血，用来滋润喉咙，以保证能够与上级联系。关于"一个苹果"的故事，张计发告诉我是发生在反击成功后的一个下午，一位运输员给7连带来了一个苹果，张计发决定先让步话机员吃这个苹果，步话机员用手掂了掂传给通信员，通信员又传给司号员、卫生员……大家谁都舍不得吃，传来传去又传回到了张计发手里。张计发看到这个情形，用激将法说：

　　这么多人，连个苹果都消灭不掉，怎么打敌人？

　　于是，在张计发命令之下，这个苹果在8个人手里转来转去，每人轮流咬一小口，传递了三遍才吃完。在如此艰苦的条件下，张计发率领他的连队凭借顽强的意志，历经数次血战，志愿军终于稳固了597.9高地主峰阵地。这一战，张计发和他的7连荣立集体一等功。

　　上甘岭上发生的这一幕，让张计发刻骨难忘，后来他还写成一篇文章《一个苹果》。这篇文章被选入小学语文教材，中国人民志愿军那段可歌可泣的感人故事，影响了我们几代学生的成长。

5．不拖累部队，患病后果断选择转业

抗美援朝回国后，张计发进入中国人民解放军原总高级步兵学校学习。他十分珍惜学习机会，常常在熄灯后还打手电筒补习，也不在乎身体时不时出现的病痛，一心想着要为新中国的发展贡献自己的力量。

然而，到了1960年，张计发被确诊肝病，辗转数家医院只得到一个结果：最多能活五年。这让张计发和他的家人都没有想到。

妻子魏祖勤曾说："那是我此生最难熬的日子，老张整宿整宿地睡不着觉，我默默听他叹气，或许他还默默流泪。"面对自己的身体状况，张计发经过思想斗争后，决定向上级申请转业：

> 既然自己的身体不适合继续留在部队，那也坚决不能拖累部队。

怀着无限的留恋，这位曾经的志愿军英雄离开了自己深爱的部队。考虑到张计发的身体状况，当时的部队领导安排他到信阳军分区干休所休养。

此时，张计发的肝病已经很严重，腹部严重肿胀充水，甚至能摸到里面砖头一样的硬块。同时，在战场上长期不规律的饮食所引发的胃溃疡也折磨着他，让他的身体每况愈下。

可是，当地群众得知当年的上甘岭一等功臣就在信阳，很多学校和部门都想邀请张计发前去做抗美援朝的报告。他的妻子魏祖勤考虑到他的身体状况，不想让他去，最起码不要都去，可他偏偏一场不落。魏祖勤心疼地说："我听人讲，他一手托着腹水肿块，一手攥成拳头顶着胃，不取分文，不看稿子，也不讲自己。"

让更多人记得我们牺牲的战友和伟大的抗美援朝精神，是我离开部队后唯一可做的贡献。我是一个老兵，应该保持战斗的样子。

张计发这样解释自己坚持的原因。

令人欣喜的是，医生判定的五年之期过去后，张计发的肝病反而渐渐好转。在采访中，我和张计发的女儿张爱民聊得比较多，她告诉我："去医院复查，大夫都说是个奇迹。"在她看来，父亲的生命似乎一直延续着上甘岭上那种顽强的精神——82岁接受双膝置换手术，94岁因胃癌两次搭建胃支架，前不久股骨头置换手术后五天便能下床走动。

更令人感到不可思议的是，张计发95岁高龄上手术台，所有人都为他担心，可他的心率从头到尾都平稳如常，手术很成功。

"父亲从不喊疼，但他有时会哭。"张爱民告诉我，只要吃到好饭，尤其喝到好酒，张计发总会想起牺牲的战友，然后默默无语，泪水顺着脸颊不断地往下流。

当我问到关于荣誉的问题时，他这样说：

从朝鲜战场归来后，我替那些牺牲的战友领受了许多荣誉，尤其是大家喊我们最可爱的人。我常想，什么是最可爱的人？那些在祖国和人民需要时挺身而出的人，便是最可爱的人。我们的国家、人民的军队，最不缺乏的就是这样的人。

张计发说这些的时候，我看到他严肃且坚毅的眼神。采访结束后，我怀着崇敬的心情和他告别，老英雄向我们挥手致意。我走出房间回头，通过门缝看到，张计发坐在那儿直视前方，好像一座丰碑。

上
———
下

上　1950 年时的张计发

下　1952 年 6 月 8 日张计发（右）与战友杨有三在朝鲜合影

上
———
下

上　张计发（后排右一）与战友们合影

下　朝鲜民主主义人民共和国颁发给张计发的
　　军功证

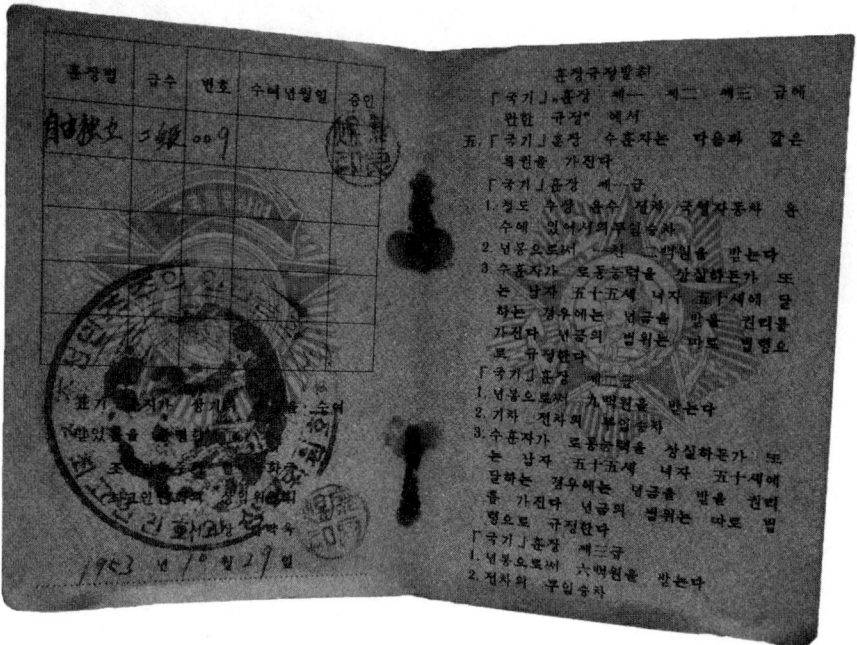

上
―――
下

上　张计发（后排中）与战友们合影
下　张计发（右）与战友合影

左｜右

左　张计发中年时期军装照

右　张计发的勋章

二、上甘岭上勇敢的"神炮手"，
一等功臣

周继成

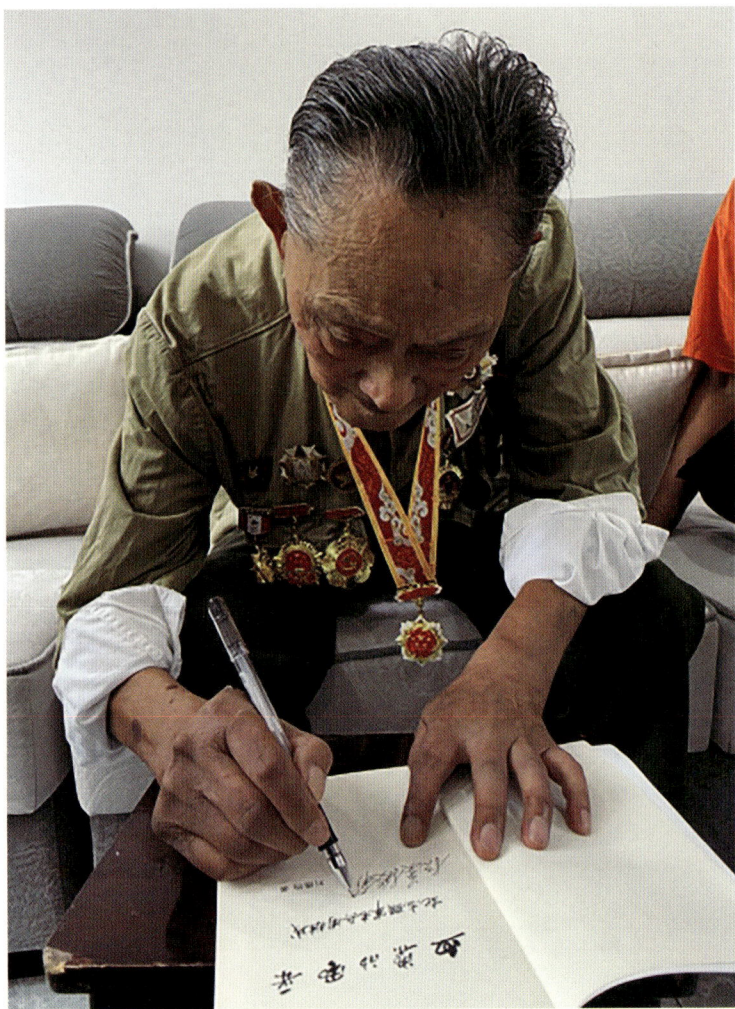

周继成在图书扉页上题字

当看到黄继光满身的弹孔，我们所有人都恨极了……那时候也不考虑什么死不死的，就是要为战友报仇。

眼前的老人，精神矍铄，乐呵呵地看着我们，额头上的"酒窝"一跳一跳，那是在朝鲜战场上被弹片击中留下的伤疤。至今，那枚弹片还嵌在他的额骨中。

2020年9月9日，我在四川省乐山市见到了周继成，88岁的他精神依然很好。刚一见面，周继成就向我们讲起抗美援朝的经历。周继成从参军讲起，讲到了自己的战友，讲到了黄继光，讲着讲着他止不住哭了，我能深深感受到他对战友的思念，对那段峥嵘岁月的怀念。第一次见面算是前采，是为了后面的正式采访，了解一下他的身体状况。毕竟周继成年事已高，我需要知道他有没有体力完成采访、拍摄。

首次见面后，我和摄制组其他成员都认为周继成的身体没有问题。临走时我说："您身体这么硬朗，声如洪钟，肯定能长命百岁。"周继成也很高兴，送了我一本讲述他个人事迹的书《血染的风采——记志愿军老兵周继成》。这本书的作者也是一位志愿军老战士，名叫刘德均，平时热爱写作，曾在抗美援朝期间荣立三等功1次。

据周继成的家人介绍，由于周继成在刘德均的心中是一座高耸云霄的丰碑，于是在四川省作协有关方面的支持下，刘德均怀着一个老战士对志愿军的无限崇敬，日夜修改，才完成了这本对于周继成而言具有特殊意义的纪实文学作品。这对于我们了解周继成的详细事迹是很好的参考。周继成很庄重地把这本书送给我，并且在扉页上签下"抗美援朝 保家卫国"八个六字。这本书我一直珍藏着，它也为我今天的书稿提供了宝贵的资料。

2021年年底，当我开始准备写作本书时，再次翻开了周继成送的书。

此时，周继成带病和另外一位一等功臣王仁山一起，参加了 2021 年度中国正能量"五个一百"网络精品年度发布盛典，喊出了志愿军战士最后的誓言。令人遗憾的是，他回到乐山后，于 2022 年 1 月 19 日去世。

听到这个消息，我震惊又难过。一位慈祥又带着英雄光环的一等功臣，从此就离开了我们。2022 年 1 月 28 日，2021 年度中国正能量"五个一百"网络精品年度发布盛典播出，视频中周继成沉痛地描述了战友黄继光烈士牺牲前的细节，然而这些画面，他永远也看不到了。

1．血书明志，执着参军

要想具体地了解周继成的战斗故事，还要从他参加中国人民志愿军第 15 军讲起。

周继成出生于 1932 年，是农民的孩子，家境贫穷，家住乐山水口镇雷八坝村八组。7 岁时父亲周德胜病逝，母亲吴素清出走后，他跟四舅生活。然而不幸的是，四舅于 1941 年死于日军的一次轰炸，年幼的周继成从此过着流浪的生活。年幼的他干过茶馆跑堂、酒店学徒，干过各种又脏又累的苦活儿。即使这样，他也只能勉强维持着不过有口饭吃的生活，衣服破烂，身体瘦弱。那时候，他盼望着什么时候可以得到解放，也让自己解脱。

1949 年 12 月，中国人民解放军解放了四川乐山。周继成感到周围充满着前所未有的希望，每个穷苦百姓的脸上都洋溢着幸福的笑容，大家敲锣打鼓，喜迎解放。

没多久，1950 年 5 月，乐山县人民政府号召青年人参军，保家卫国。周继成听到这个消息十分激动，毫不犹豫地和同伴赵松奎前往征兵处报名。然而，面试时征兵处的负责人看到周继成后，却叫他站到了不合格的一边。这是因为当年的周继成长期过着温饱不能解决的生活，显得十分瘦弱，所以征兵负责人觉得周继成不适合当兵。一看自己被要求站在不合格的队伍，周继成有些难过，眼泪夺眶而出。但是周继成当兵的愿望是执着的，于是他鼓足了勇气找到负责招兵的政委，激动地说：

> 我在解放前遭受压迫，经常吃不饱穿不暖，所以才看着面黄肌瘦。但我相信，只要参军后，跟着你们一起打敌人，接受锻炼后我的身体肯定会强壮起来的，您同意我入伍吧。

看着眼前这个瘦小但声音洪亮的年轻人，政委被感动了，他说："小同志，你很有觉悟嘛。"随后他与同事商议，同意了周继成参加体检："如果体检合格，我们就肯定要你。"

听到这个答案，周继成很是激动。第二天，他早早地起来排队去体检。在经历了内科、外科、五官科等检查后，医生给出的结论是：合格。这个结论让压在周继成心里的石头落地了。一周后，乐山县张榜公示，周继成入伍了。这一年，18 岁的他正式成为中国人民解放军的一员。

入伍后，周继成在峨眉报国寺参加新兵训练。不久，被编入第 10 军 30 师 89 团 2 营机炮连 5 班，担任重机枪副手。

1950 年，以美军为首的"联合国军"越过"三八线"，并派战机公然轰炸中国领土。10 月，朝鲜政府请求中国出兵援助。中国应朝鲜政府的请求，作出"抗美援朝，保家卫国"的决策。

这时，已经是中国人民解放军战士的周继成，正奉命驻守乐山。1951年，他所在的第10军30师，奉命前往辽宁的马站房、葫芦岛守护海防，并进行一级战备训练，随时准备出国作战。接到上级的命令，部队的官兵们都积极申请出国作战。那时候的周继成，为了能够让领导看到决心，用针扎破右手中指，写下要求前往朝鲜抗击美帝国主义的血书。政治部的领导看到周继成的这份血书后，被这个年轻的士兵感动了。

1951年4月，中央军委决定，第10军30师各个连的第2排出国作战。周继成恰好是第2排的兵，虽然深知有生命的危险，但他依然为自己实现了愿望而高兴得跳了起来。全师一共抽调39个排，共计1800多人，其中乐山参军的战友1200多人。临行前，全师举行誓师大会，欢送即将奔赴朝鲜的战友，师政治部领导决定让周继成代表全体参战人员上台讲话。周继成满腔热血，勇敢走上讲台，大声说：

我叫周继成。我只说一句话，抗美援朝，保家卫国，我们要勇敢地打败帝国主义侵略者，保卫中朝人民。

30师师长马忠全上前握住这位年轻战士的手说："勇敢杀敌，为师争光，等你凯旋。"周继成响亮地回答：

我说一不二，请首长放心。

1951年6月，周继成等1800多人坐火车到了安东（今辽宁省丹东市），随后，经过4个晚上的急行军，他们跨过鸭绿江，到达了中国人民志愿军第 15 军驻地。周继成自此被编入该军 45 师 135 团 2 营机炮连 5 班，任重机枪射手、副班长。

2. "小黄牛"称号的由来

周继成"小黄牛"称号的由来，还要从 1951 年冬天说起。当时，他所在的 135 团在朝鲜搞野战训练。有一天，团后勤处通知周继成所在的连队去兵站领大米，有 40 袋，每袋 50 斤。指导员孔发车组织了 40 名战士，由连长带队，大家各自携带背带，需要步行 10 多公里，当时的气温是零下 30 摄氏度。

由于路途较远，加上这些大米靠战士们扛着走，等大家回去的时候，天已经黑了，又遇上下大雪，把小路都封了。有个名叫龚德的战士一不小心掉进雪坑，把脚摔伤了。在包扎好伤口后，大家开始讨论：这袋米怎么办？

战士李学林说："把大米放在雪坑里，明天再来取。"周继成说：

> 不行，大米是祖国人民生产的，送到前线来，很多战士都需要它，给我吧，我扛两袋。

100 斤的重量，背一阵子还行，如果背 10 多公里，一般人是很难承受的。连长问周继成能不能扛住，年轻的周继成说："没问题！"说完，周继成很快把米包捆在自己背上，让连长把龚德领的那包也放在了自己的背上。一路上，周继成汗流浃背，战友龚德跟在背后，一瘸一拐地走着。就这样，周继成背着 100 斤的大米，和战友们安全地回到了连队。

指导员孔发车赶紧接过周继成身上的米袋，并让他喝了一碗麻辣汤。第二天，连长特别表扬他："周继成在背大米的途中，看到自己的战友龚德摔伤后，主动帮战友包扎伤口，并且把他的大米加在自己的肩上，这种甘愿吃苦的精神和毅力，真像个小黄牛，特别嘉奖一次。"从此，周继成在部队中就有了一个别名——"小黄牛"。

很快，这个名字传遍了全团，135 团团长张信元也叫他"小黄牛"，曾当众表扬说："每个人都穿着厚棉衣，背 50 斤就不得了，你背了 100 斤，真是够顽强的。"

自从"小黄牛"的别名传开后，周继成算是团里的小名人了。1951 年8 月，第 15 军为了更好地提升步兵战斗力，每个营装备 3 门 52 式 57 毫米无后坐力炮，这就要求每一个炮兵年轻力壮，灵活勇敢。当时，操作 1 门炮需要 12 个人，3 门需要 30 多人。这些炮兵需要在全营选拔，连长崔凤录主动把机枪射手"小黄牛"周继成调到炮排，任 10 班副班长兼瞄准手。炮排的排长是一位参加过抗日战争的老兵，名叫郭秋中。在炮排人员调配齐全后，战地练兵开始。连长崔凤录亲自讲课，从炮的构造到炮的操作，让战士们系统地学习了 52 式 57 毫米无后坐力炮的使用方法。

在野战训练中，周继成始终不怕苦不怕累，积极学习，很快掌握了无后坐力炮的使用方法。在考核中，周继成三次打靶九发九中，因此被评为优秀瞄准手，荣立三等功 1 次。这样的打靶成绩为他正式参加战斗，杀敌建功奠定了良好的基础。更厉害的是，他打敌人的坦克时不用炮架，把炮管扛在肩上打，命中率非常高，大大增强了无后坐力炮的机动性。

3. 夜袭敌人，大获全胜

1952年10月2日，南朝鲜军第2师一个参谋向我军投诚，报告了敌人可能会对上甘岭发动攻击的信息，周继成所在的第15军45师135团团长张信元通报全团，敌人正在调兵遣将，企图攻打上甘岭。而这个地方位置十分重要，绝不能让敌人拿下，我军此时也在积极排兵布阵。一天夜里，6连连长万福来来到周继成的班，告诉大家，敌人的车队正在运输兵力和军用物资，这是一个埋伏歼敌的好机会。而周继成他们刚学的无后坐力炮正是歼敌的好武器。这是到朝鲜战场后他们参加的重要战斗，周继成和他的战友没有胆怯，个个摩拳擦掌，要求在阵地最前线参加战斗。为了能够准确地炮击敌人，1排3班的战士在战场最前沿修了几道战壕，也挖了几个防炮洞。

回忆起这件事的时候，周继成还能清楚地说出每个战友的名字。他告诉我，当时一切准备好后，他和战友们开始研究怎么打才能更好地消灭敌人。为了减少伤亡，他们制定出射击计划，每次只出动两人，一人装填炮弹并观察，一人负责射击。周继成和战士李学林打头炮，副班长战友张景昆和刘功杰为二组，马怀民和丁怀金为三组，三个组轮流打，其中一个战士王化龙负责输送炮弹。

第二天凌晨2点，周继成和他的战友到了早已准备好的阵地前沿，做好伪装，等待敌人经过。天亮后，敌人果然路过此地，但他们也担心有志愿军的埋伏，不停地打烟雾弹，这给周继成他们观察敌人造成了一些困难。但这时候恰好起风了，烟雾弹没了作用，敌人的车队出现了。周继成大喊："快看，敌人的车辆来了。"他和战友冲到炮位，迅速瞄准敌人的第一辆装甲车，果断打出第一发炮弹，接着，敌人的驾驶室发生了爆炸。周继成没有犹豫，接着向敌人第二辆车打过去，车辆油箱爆炸。

敌军在慌乱中开始反击，并用机枪扫射，和周继成一组的战士李学林左手受伤。周继成一边为李学林包扎伤口，一边又大喊让战友冲到后面炮击敌人的尾车，一炮打过去，敌人最后一辆车也被击中。敌方车队动弹不得，立刻进行疯狂报复，炮弹顷刻之间像雨点一样落向我军阵地。这时候，战士马怀民趁机连发两炮，又炸毁了汽车两辆，敌军倒下一片，双方开始了炮战。

经过一个多小时的激战，周继成和他的战友共击毁汽车十余辆，歼敌百余人。在撤退时，刘功杰右肩中弹受伤。

天黑后，全班才撤回阵地，连指导员冯玉庆带着通信员和卫生员来慰问周继成和他的战友们。这个通信员就是日后成为举国皆知的特级战斗英雄黄继光。指导员为他们带来馒头和牛肉罐头，赞扬战士们打得英勇，这次战斗为 135 团鼓舞了士气。指导员向上报战功，无后坐力炮班集体荣立二等功 1 次。

这次战斗周继成和战友们取得了不错的战绩，这也让战士们对于消灭美帝国主义不再疑虑。虽然他们的武器先进，但周继成认为，只要积极拼搏，就一定可以拿下战斗。

4．与黄继光战场认老乡和兄弟

1952 年 4 月，中国人民志愿军第 15 军 45 师 135 团奉命担负上甘岭的防务，135 团 2 营 6 连奉命防守 597.9 高地的 6、5、4 号阵地，连长万福来请求调周继成所在的第 10 班到 6 连参加战斗。营长同意后，由班长王连海带队冒雨抵达 6 连阵地，受到指战员的热烈欢迎。

由于雨水湿透了战士们的衣服，6 连指导员冯玉庆让通信员给他们换上干的衣服。黄继光在给周继成取军大衣的时候，问班长王连海："这是谁？"经班长告知，黄继光才知道周继成也是四川乐山人。黄继光也是四川人，于是他拍着周继成的肩膀说："我是四川中江县人，咱俩是老乡啊。"随后二人互相问了一下年龄，黄继光出生于 1931 年，周继成出生于 1932 年。黄继光说："继光、继成是兄弟，又是老乡加战友，以后在战场上要互相帮助，歼灭敌人，保家卫国。"二人还拉钩，面对老大哥的鼓励，周继成很是感动。

周继成回忆说，他和黄继光第一次并肩作战是从挖坑道工事开始的。当时周继成和战友们为了能够靠近敌人前沿，需要挖坑道工事。而白天多有不便，只有在晚上秘密进行。下半夜的时候，战士们又累又饿，在这个时候，黄继光给周继成和战友们送来了压缩饼干，并且询问他们还需要什么。周继成表示需要更多挖坑道的工具，于是黄继光跑回连部，拿来十字镐、钢钎、铁锤等。经过全班 12 个人十多天的努力，一条坚固的战壕挖好了。

我军部队刚进入上甘岭，战斗就打得很激烈。美军的飞机时常在上空对我军阵地进行狂轰滥炸，炮兵、坦克同时不断地向我军阵地发射炮弹。面对敌人如此强势的攻击，我方火力明显占下风。这时候，连长万福来告诉排长钟仁杰，敌人在 5 班阵地的对面修建了一个碉堡，打得我方抬不起头，让炮班必须干掉。周继成接到命令后，去侦察了地形，看完现场后，他表示希望能得到全连的火力掩护。

周继成回到战壕，和班长王连海研究后，决定由他和马怀民两人去摧毁敌人的地堡。周继成扛着炮身，马怀民扛着两发炮弹，冒着小雨，摸爬到选定的战壕边。在经过测试后，周继成让马怀民装好炮弹。凭借自己的经验，周继成对着敌人地堡喷出的火舌果断开炮。随着一声巨响，炮弹精准击中敌军地堡，地堡被炸掉了半边，里面的敌人也被炸死。之后，敌人开始疯狂还击，周继成和战友马怀民立即跑回 5 班的坑道里。打掉这个地堡，战友们十分激动，纷纷为周继成叫好。135 团团长张信元听说后，也很激动，给连长打电话表扬周继成不愧为"神炮手"，同时批准周继成为模范共青团员。

5．"打不掉坦克我就不叫'小黄牛'"

1952 年 6 月，志愿军开展冷枪冷炮战。135 团坚守在上甘岭，6 连连长万福来布置，无后坐力炮的任务是摧毁敌人的坦克、汽车等目标。通信员黄继光为周继成带路寻找任务目标，来到最靠近敌人的一排阵地。美军坦克仗着自己"壳子厚打不透"，每天开到志愿军阵地前耀武扬威，充当广播车大肆进行反动宣传。

周继成说："保证把敌人坦克广播车打掉！"黄继光问："你怎么打？"因为阵地距美军坦克约 1500 米，而当时无后坐力炮直线射程 300 米。周继成说："我隐蔽靠近攻击这个铁乌龟。"领导在犹豫，太危险了，周继成勇敢地请战：

> 敌人胆子小，不敢出来。打不掉坦克我就不叫"小黄牛"，就
> 是牺牲了我也是光荣的！

周继成带着两名战士，背着炮弹，连夜潜伏到敌军阵地前500米的山沟里。敌人的探照灯在他们的头顶上来回扫过，他们沉住气，一动不动。天亮了，敌人又开动坦克轰隆隆向前推进。700米、600米、500米……

说时迟那时快，周继成站起身来，对准当头的坦克就是一炮轰过去，正中坦克油箱，将它击毁；跟着又打掉最后一辆坦克，中间那辆坦克被周继成瞄准打断履带，进退不得，这次战斗炸死十多个敌人！

攻击得手后，周继成迅速带着两名战士翻身滚进草丛。顷刻间，美军无数炮弹落在了刚刚的攻击点，我军火力立刻强力支援，接应周继成等人。周继成和战士们一直在炮火中潜伏到深夜，才艰难地从敌人阵地前安全返回我方坑道。

1952年9月20日，敌军车队向上甘岭运送兵力，上级命令各连组织火力消灭敌人。周继成带领小组摸到阵地前。天一亮，敌人出动。迎着开过来的装甲车队，周继成冷静地开炮，正中敌军装甲车，装甲车瘫痪后堵住了车队。紧接着，周继成又击中第二辆敌车油箱。敌军用机枪扫射，战友不断负伤，周继成连打两发炮，炸毁了2辆汽车，炸死成片的敌人。敌人立刻报复，炮弹像雨点一样落在我军阵地，我军全团火力猛烈还击，压制住了敌人火力。此战毙敌100余人，击毁敌车十余辆。

很快上甘岭战役在10月打响。部队首长亲临五圣山做指示，要不怕

流血牺牲，英勇歼灭敌人，坚守住阵地，一寸土地也不能丢，负重伤不叫喊，人在阵地在，立大功见毛主席！

战斗很激烈，美军飞机在上空扔炸弹、汽油弹、照明弹，大炮、坦克向我军阵地狂轰滥炸，机枪扫射不停。

1952年10月20日天亮前，连长万福来命令周继成去掩护黄继光、肖登良、吴三羊炸敌人地堡。周继成用炮摧毁了敌人的三个火力点。吴三羊在炸地堡中牺牲，肖登良负重伤埋在了弹坑里，黄继光也负了重伤。但最后一个地堡位置很难打，敌人的火舌不停地向我冲锋部队扫射。周继成说：

> 在最关键的时刻，黄继光扑上去用胸膛堵住敌军地堡的机枪，我的眼泪止不住流，黄继光就像是我的亲弟兄啊！他曾经冒着枪林弹雨给我送压缩饼干到阵地上。我一定要守住阵地给他报仇！

在随后反攻歼灭敌人的过程中，周继成左额中了弹片，左眼被血粘住，他流着血和敌人战斗。回忆起1952年10月20日这天夜里的战斗，周继成哽咽着说：

> 打得太惨烈了。我亲眼目睹了黄继光的牺牲。为了拔掉阻挡我方冲锋的最后一颗钉子，黄继光拖着已受重伤的身体，猛然挺起胸来猛虎似的扑向敌人地堡机枪口的那一幕，我永远忘不了。

经过一整夜的激战，部队终于夺回了597.9高地表面阵地。周继成带领全班占领右侧支撑点，先后打退了敌人7次反攻，歼敌300多人。然而，他的好兄弟黄继光再也不能和他一起返回营地。

子弹打空了，我们就从美军尸体上摸武器，边找边打。我们要用敌人的武器消灭敌人。

一夜激战，周继成所在班 12 人，9 人牺牲，3 人负重伤。周继成左额骨的弹片就是在这次战斗中留下的。

当 4 连来换我们下阵地时，我看着牺牲在阵地上的战友，非常悲痛。

说到这里，周继成眼泛泪光。

上甘岭战役结束后，中国人民志愿军第 15 军授予周继成"神炮手"荣誉称号，中国人民志愿军司令部政治部为周继成记一等功一次。

1953 年 3 月，周继成参加第 15 军英模大会。在会议休息室，政委谷景生特地向著名作家魏巍介绍："他就是无后坐力炮的'神炮手'周继成。"魏巍热情地向周继成询问战斗经验，并说："你是毛主席的好战士，人民的好儿子，是最可爱的人。"周继成回忆，当时听到这些话，他十分激动，连连说"感谢首长"。

抗美援朝取得了伟大胜利后，很多单位邀请志愿军去参加庆祝活动。1954 年，第 15 军党委决定，评选在上甘岭战役中涌现的英雄人物，组织一个英模报告团。参加报告团的有特等功臣、二级英雄马新年、易才学，一等功臣、无后坐力炮炮手周继成，一等功臣万福来等。英雄们向各大院校、企事业单位宣传志愿军的奉献精神，受到广大群众的热烈欢迎。

后来，第 15 军授予周继成"军模范党员"光荣称号，并选举他出席第 15 军和武汉军区党代会。

1971 年，周继成转业到四川省乐山市苏稽供销社，任副主任。工作中，他踏实肯干，连续多年被评为优秀共产党员。1992 年退休后，他经常给学生们讲战斗故事，用战斗精神来鼓舞后人。

在采访周继成的时候，他告诉我们：

> 我的战友十七八岁就牺牲了，你们今天的生活来之不易，要珍惜，多学本领，要忠于党，热爱祖国。

对于一个久经沙场的老战士来讲，这一席话并不是喊口号，因为他们的血液里就流淌着爱国爱党的高贵品质。

在采访结束后，我一直和周继成的家人保持着联络，他们也一直对我印象深刻。据他的儿媳说，因为我姓秦，与周继成所在部队第 15 军军长秦基伟同姓。最后得知周继成的消息是 2022 年 1 月，他的儿媳告诉我们的。

周继成身居一等功，但他一生没有居功自傲，反而平易近人，他是我心中永远的英雄。

上
———
下

上　身着志愿军军装的周继成

下　青年时期的周继成

上
___
下

上　周继成（左一）与志愿军战友们

下　1957年5月1日0049部炮兵集练队合影（前排右一为周继成）

青年时期的周继成与妻子

周继成与本书作者合影

三、电影《上甘岭》卫生员
王兰的原型之一

吴　炯

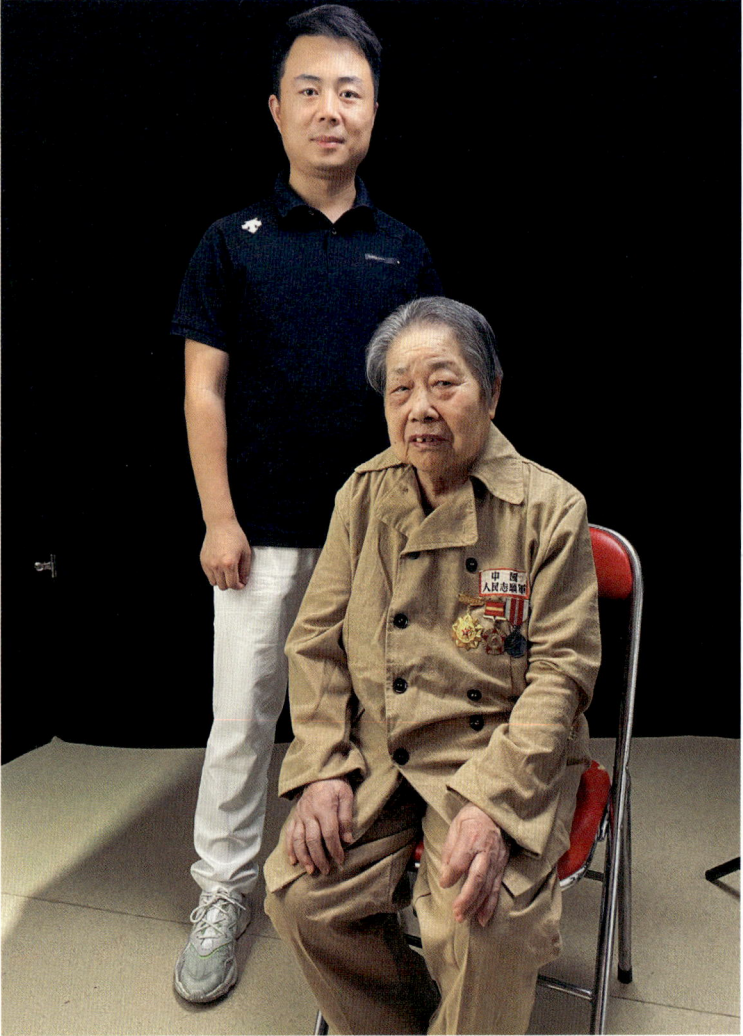
吴炯与本书作者合影

不写英雄榜，便涂烈士碑。

含冰化雪，一滴滴喂到男伤员的嘴里。

"一条大河波浪宽，风吹稻花香两岸……"很多事情都从记忆中消退了，可只要这熟悉的旋律响起，曾经的中国人民志愿军二等功臣吴炯还是能哼唱起来。"这是强大的祖国，是我生长的地方……"采访的时候，她告诉我这首歌她永远难忘，这是她心中的歌。

　　上个世纪50年代，电影《上甘岭》家喻户晓，它真实展现了志愿军战士在朝鲜战场上保家卫国的英雄事迹。而影片中那位在坑道里为重伤员深情歌唱的卫生员王兰在现实生活中确有其人，她的原型之一就是抗美援朝的女战士吴炯。

　　2020年9月25日，我们摄制组一行人前往天津采访这位不平凡的志愿军老战士。当时，吴炯已经88岁，住在和平区晟世第三老人院。其实，为了能够顺利采访，在出发之前我们已经提前和天津退役军人事务局沟通，了解了吴炯的身体情况。到达天津后，摄制组先在一间阅读室里布置。吴炯刚一进门，就让我们眼前一亮。虽然是年近90岁的老人，但穿着旧军装的她英姿依旧。

　　在采访之前，我们进行了简单的沟通。吴炯虽然听力不太好，但当我提到抗美援朝的经历时，她记忆的闸门一下子就打开了。

　　　当时我是一个女卫生员，千方百计想办法能多抢救点伤员。有负伤的，有死的，都要去弄。只要到朝鲜去之后，男的女的都是那样跟着领队一块，比较艰苦，也比较紧张。飞机在脑袋上轰炸，那个时候就是把人抢救过来就行了。战友抢救活了，就行了，其他的就不能想什么了。难过也没有用嘛，根本就不害怕，也顾不上害怕了。

这是吴炯在采访中给我印象最深的一段话。吴炯虽然已经在天津生活了60多年，但仍保持着四川人的爽朗和饮食习惯。88岁的她回想起17岁时报名参军时的场景，仍历历在目。

回忆起上甘岭战役的时候，她并没有过多的伤心。也许是过往岁月的沧桑，已经让这位老人把伤心的感触都埋在了心底。

1．写血书表决心，成为一名志愿军战士

1950年，17岁的吴炯在老家四川报名参军。从护士训练队毕业后，朝鲜战争爆发，她主动请缨赴朝参战。然而，当时的部队领导觉得她年纪小，不同意这位小姑娘入伍。倔强的吴炯就刺破手指写血书表决心，最终说服了部队领导。1951年9月，18岁的吴炯如愿成为光荣的志愿军战士。

在部队，吴炯学习了医护知识，成为一名卫生员。当时，抗美援朝战争打得正酣，她坚决要求上前线：

> 有战斗就有流血牺牲，我要去救助伤员。

1951年，吴炯作为志愿军第15军45师监工1连的卫生员，来到了抗美援朝第一线。

在朝鲜，吴炯和英雄黄继光、邱少云同在一个部队。保卫祖国不分男女，她把头发剪短压在军帽里，根本看不出这是连里唯一的女战士。

到连队后，我同战友们劳动在一起，战斗在一起。

"炮火连天的，一个女娃来了能干啥？"当时有战士这样说，因为监工连的工作艰巨而危险，运送作战物资，修工事，挖防空洞，抢送伤员……吴炯听到后也不生气，常常用军首长的一句话"不写英雄榜，便涂烈士碑"来鼓励自己。但没过多久，这个姑娘就让战友刮目相看。

一次，吴炯同 2 排 1 班往前线运送炮弹时，突然遭到敌机袭击，运输车中弹起火，眼看就有发生炮弹爆炸的危险，她和战友们当即奋力用棉大衣扑灭了大火。而吴炯虽被严重烧伤，但仍坚持将炮弹运到前线。

行军中她背着沉重的药箱，还帮着伤员扛背包。到了宿营地也顾不上休息，就背着药箱到各班巡诊。

2．上甘岭上的女卫生员，含雪喂伤员

1952 年 10 月，吴炯所在连接到命令，向上甘岭进发。吴炯告诉我们，上甘岭战役是自己一生最悲壮的记忆。

> 1952 年 10 月，为投入战前准备工作，我连接到命令，向上甘岭进发。在行军途中，有的战士脚扭伤，还有的战士脚起血泡。在缺药的情况下，我把自己的头发消毒后，给战士们穿血泡，减少了他们的痛苦，使全连按时抵达了目的地。
>
> 通往上甘岭前线的公路要道上，满是被敌人炸的炮弹坑，公路无法通行。全连立即抢修公路，我和战友们一道去离公路 3 里

路的河里捡石头、抬石头，在河水里泡了一天，终于完成了抢修公路的任务。

上甘岭战役打响后，气温骤降到零下30多度。敌机经常狂轰滥炸。我不顾个人安危，冒着严寒和敌人的炮火，到全连的8个驻地送药，治疗伤病员。一次，在一个夜晚，全连紧急到上甘岭接送伤员，遭敌机轰炸、扫射，一个战友被炸飞，衣服和碎肉挂在树枝上。面对战友的牺牲，大家坚定地表示："不畏艰难险阻，决不丢下一个伤员，保证圆满完成任务。"

有一次敌机轰炸，防空洞不幸被敌机投下的凝固汽油弹击中了。吴炯不顾机枪扫射和漫山大火，冲进防空洞，把受伤的战友背到隐蔽的地方。她在山洞中发现一位战士已经被烧得面目全非。当大家都认为他已经牺牲了的时候，吴炯发现他还有微弱的脉搏，于是立刻进行抢救。没有烧伤药，她便用雪水敷在患处，拔下自己的头发消了毒给他穿血泡。看他嘴干裂了，吴炯便把雪捏成条状，先在自己嘴里暖一会儿，含冰化雪一滴一滴喂到男伤员的嘴里。战友得救了，吴炯却累得晕倒了。

吴炯在朝鲜战场是一名卫生员，但她告诉我，那时候自己年轻有干劲，从心底里把各位战士当作自己的家人，她觉得既然一起来到了部队，在异国他乡，大家都应该是家人一样的感觉。

45年后也就是1997年，这名叫姚徐达的战士，几经辗转从武汉来到天津与吴炯重逢。身穿旧军装，挂满军功章，两位老人见面时激动得说不出话，只是紧紧拥抱在一起。

1954 年，长春电影制片厂筹拍电影《上甘岭》，导演和编剧根据她和战友王清珍的事迹塑造了王兰的角色。吴炯说，每次看电影，她总想起战斗的激情岁月。

3．因为表现英勇，被选为英模代表

吴炯告诉我，其实现实中的战斗远比电影里还要严峻还要艰苦，那时候我军的装备和物资跟不上，很多战士身受重伤，却没有足够的水源，因此夺走了许多战士的生命。所以她一直觉得自己的行为并没有什么值得赞扬的，只是在那种残酷的战争环境下，尽全力抢救每一个战士。从她的忆述中我还得知，吴炯不仅仅做卫生员的工作，还经常参与一些弹药物资的运送。她给我讲了几个故事：

> 1952 年，美军、南朝鲜军在战场上向我志愿军战地和后方投掷细菌弹，一些地区发生了急性传染病，有的人莫名其妙突然死亡。这时，我与连长商定，在每个班设一名卫生员，把他们组织起来到我防区的山坡上寻找敌人投掷的细菌弹，进行焚烧，以杜绝传染源，同时搞好连队卫生工作。正因为如此，在反细菌战中我连未发现一例传染病人，我为此荣立了个人三等功。

在战场上见惯了血肉模糊和常人难以想象的残酷场景，在讲述这些经过的时候，吴炯的情绪并没有波动，非常平静，神情严肃。说到抢救伤员，她给我讲了几个细节：

一次，天下大雪，我连多处防空洞被炸弹炸塌，一位战友从洞里被救出时，已冻得失去了知觉。我便把大衣脱下来盖在他身上，用雪浴方法为他搓擦，然后又把他的脚放在我的胸前，用自己的体温终于将他抢救过来。

一次，我连在抢修坑道时发现了哑炮，在排除时，哑炮突然发生爆炸，5位战友受了重伤，经我抢救后又送往医院，他们都保住了生命。我们生活在坑道里，天太冷，大家用木炭取暖。一次，一个班有8人一氧化碳中毒，失去了知觉。我立即将他们背出坑道呼吸新鲜空气，结合药物治疗，使他们第二天便又投入了战斗。

像这样的故事，吴炯和她的战友不知道经历了多少次。看到不断有伤员抬进来，她和卫生队的战友们根本来不及休息。听着满山洞负伤战士们的痛苦哀叫，她们就想着尽快给每一位受伤的战友包扎。最让她感到难过的是一个个战友从身边倒下，自己却没有更好的办法。她告诉我，那时候的她和大家一样，只想着有一丝希望就不放弃每一个战士，哪怕牺牲自己的一切。

在朝鲜期间，吴炯先后荣立三等功2次，在上甘岭战役中荣立了二等功。而最让她感到光荣的，是加入了中国共产党。1953年"五一"劳动节时，吴炯作为第15军6位英模代表中唯一的女英雄，参加了中国人民志愿军"五一"节归国观礼仪式。作为唯一的女代表，她受到中央领导的接见，还在怀仁堂向中央领导作了汇报。吴炯讲到这里，脸上洋溢着自豪的笑容。

4. 深藏功名，服务社会

抗美援朝战争胜利后，1954年，吴炯回到中国人民解放军第190医院（武警湖北省总队医院的前身）从事医务工作，1959年转业到天津第一机械工业局工作，任保健站主治医生。在工作和生活中，她深藏功与名，很少与同事、家人提起自己的辉煌经历。她努力工作，多次被评为先进工作者、优秀共产党员。

1988年退休后，吴炯当起了社区医院的志愿者。虽然每月退休金不多，却自费买了血压表、药物等，为小区内200多名居民健康状况作了调查，建立了档案。她还将320多位60岁以上的老人定为经常入户查访的对象，给100多位有各种慢性病的居民发放保健书。她还编印了《居民保健手册》，免费发放。无论白天还是晚上，谁家有人生病，她都热心前去帮忙。1989年，吴炯获得"和平区社区志愿服务功臣"的荣誉称号。

2013年，吴炯80岁生日那天，她郑重地对家人讲了自己深藏已久的心愿：死后将遗体捐献做医学研究。这一年，她在红十字会工作人员的见证下，填写了志愿捐献遗体登记表。

吴炯的丈夫去世后，她住进了养老院。虽然吴炯也还是爱说爱笑，但因为年事已高，加上当年爬冰卧雪、翻山涉水留下的腰腿疼痛的病根，她常常彻夜难眠。吴炯说，当年战友们在朝鲜战场上浴血杀敌，那时他们大多不到20岁，和那些牺牲的战友相比，命运给予自己的已经够多了：

　　　和一些牺牲的战友比，我现在挺知足的，那个时候非常艰苦，能活着回来就不简单！

从采访开始，我向吴炯的提问并不多，但已经触及老人内心中最深处的记忆。我们静静地听这位老人讲述她在战场上遇到的一桩桩、一件件。最后，她再次庄严地喊出自己的番号：

我叫吴炯，今年88岁，我是原中国人民志愿军第15军后勤部连队卫生员！

随后，她庄重地对着镜头敬了一个军礼。这一画面深深地映在我的脑海中，现场的每一个人都感受到了极大的震动。

采访中我了解到，在天津市和平区这家养老院的日子，吴炯喜欢早上坐在院子里晒晒太阳。和她一起聊天的老人们大多不知道，这位年近九旬的老人是电影《上甘岭》中卫生员王兰的原型之一，曾在上甘岭战役中荣立战功。深藏功名，默默奉献，体现的正是志愿军战士的高贵品质，也是第15军的光荣传统。

我们临走时，吴炯谦虚地说：

虽然我参加过上甘岭战役，但与黄继光、邱少云等英雄烈士们相比差距太大了，对人民的贡献也太少了，但党和人民还是给了我莫大的荣誉，谢谢你们还记得我。

左　右

下

左　青年时期的吴炯

右　吴炯（前）进行战地卫生工作

下　吴炯（左一）和战友们

上
——
下

上　1952 年吴炯的战地日记

下　吴炯（原名吴祖福）在上甘岭战役中荣立二等功证书

上
———
下

上 朝鲜民主主义人民共和国为吴炯颁发的军功章证书

下 吴炯的勋章

四、朝鲜战场上英雄事迹的
书写者

任红举

任红举与本书作者合影

落笔即磨刀，字字斩敌酋。我们每个字都是一杆枪，挥笔即磨刀，我写出来就是杀你。

有一天,是派的30个人进山的。走到河边的时候,炮响了。"啪",正炸在我们中间,炸在河里。在河当中正过河的同志,死了。他叫严挺,小提琴手,只剩了一个手背。提琴在手上,他紧紧握着他那个小提琴。四川人,是高中生,没了,就一个手背,下半身没了。我马上写了一首诗,回去哭着写的。

琴手死了,

死在黑夜,

为了三千里江山,

为了和平的世界。

我必须拿起笔来写,我要歌颂英雄,活着的、牺牲了我都愿意写。落笔即磨刀,字字斩敌酋。我们每个字都是一杆枪,挥笔即磨刀,我写出来就是杀你。我的字就是子弹,我的一首诗就是一把刀,我的一篇文章就是一颗炮弹。我心里就是四个字:祖国万岁。

上面这些话,是任红举在采访现场眼含热泪说出来的。当时,我在任红举上海的家中进行采访。"挥笔即磨刀,字字斩敌酋",这是88岁高龄的他给我们的留言,这是一位经过炮火硝烟淬炼的部队文化工作者的风骨和胆气。

1. 以笔杆为枪,笔尖颂英雄

任红举1934年出生于北京,这时日军盘踞东北,在长春已扶持伪满洲国。战争年代出生的孩子，总是会对国家有一种特殊的情感，心中对身着军装的中国军人更是有种深深的崇拜。1949年，任红举15岁，他跟随家人到重庆生活。这时候，新中国刚成立，解放军战士们还在为解放全国不懈奋斗。

同年12月，中国人民解放军打败了国民党留守在四川的最后一批残余部队，胡宗南被吓得连夜逃跑，连亲信都顾不上。解放军开始进城，大大小小的县城和乡镇都相继解放，共产党胜利的消息很快就传遍了整个四川。

任红举谈起他对解放军的第一印象，他说，比起凶神恶煞的国民党士兵，解放军战士们总是面带微笑，十分接地气。他们进城从不住民房，都是很有秩序地排队，坐在学校操场上，连教学楼都不进去，他们不想打扰到百姓们的生活。

见这支军队纪律严明，百姓都想亲近他们。当年的任红举，看着战士们笔挺的军装和整齐划一的绑腿，心中充满了羡慕，萌生了想要参加解放军的念头。

1949年12月底，任红举在重庆参军。他的妹妹小他一岁左右，知道哥哥要参军的消息后，也报了名，俩人一起当了兵。

然而，他们的母亲并不知情，直到任红举和妹妹随军离开重庆去往成都，母亲才知道两个孩子都当了兵，倚着门框泪眼婆婆地望着孩子们离开自己。任红举告诉我，自己和妹妹在北京出生，在北京长大，后来跟随母亲一起搬到重庆，两人从没离开过彼此，可参军后却分开了许多年。

1949年12月2日，任红举参加中国人民解放军第二野战军，被编入第 11 军 31 师（抗美援朝时期，31 师编入第 12 军）文工队，成了一名文艺战士。任红举的梦想是以笔为枪，在军队中杀出一条不一样的路。但是，那个时代条件艰苦，没有什么条件专门培养像任红举这样心中饱含创作激情的战士，大部分时候只是让他们自行学习老前辈留下来的剧本，反复揣摩，谁需要写谁来上。

1951 年，不到 18 岁的任红举，作为中国人民志愿军第 12 军 31 师文工团队员入朝作战。

在朝鲜战场上，任红举不仅是文艺兵，更是集战斗员、宣传员、救护员为一体的"三合一"全能兵。战争是残酷的，前线战场可没人会管你是不是文艺兵，哪怕是也要硬着头皮扛枪往上冲。当时任红举所在的文工团，要求他一个人完成素材采访、内容创作、舞台表演，做到"一专、三会、多能"，任红举最拿手的就是山东快书。

时隔多年，任红举回忆起当年 18 天急行军的经过，依然面色凝重。这场仗没人知道怎么打，往哪儿打，陌生的国度、陌生的人民、沿途时不时的敌机轰炸，他和战友们时刻面临牺牲的危险。

任红举说，那时腰上挂着四颗沉甸甸的手榴弹，肩上还扛着 20 斤炒面和步枪，身后的背包上挂着一把大铁锹。为了给炮排减轻负担，每个人身上又挂上了一枚炮弹。急行军可不是单纯的急行，光是身上的负重，都能消耗掉战士们大部分的体力，更别提行军第一天队伍就碰上了敌机空投的炸弹。行军途中，战士们还要时刻注意周围有没有树林、山洞等可以隐蔽的地方。年轻的任红举没有喊苦喊累，咬咬牙，只是一个劲地闷头跟着队伍行进。

任红举因为年纪小，又说着一口北京话，在部队里大家都亲切地喊他"小北京"。行军途中有教导员做讲评，任红举就一边记录一边写快书。采访过程中，任红举给我们唱了起来：

教导员，总结好，行军优点真不少，精神抖擞走得快，没有孬种和草包。

打了炮，针一挑，轻松如烟照样跑，全营到达"三八线"，坚决消灭美国佬！

他对我说，每次他一唱完，就是一片哗啦啦的掌声。每当队伍长时间行军，战士们疲惫不堪的时候，队伍里就会有人喊一嗓子："'小北京'，来一段儿！"这一嗓子，就像是文艺兵听到的号角，任红举立即站起来，为战士们打快板表演，使出浑身解数逗大家开心。

在朝鲜战场上，文工队员主要是为大家加油打气，让原本紧张的行军氛围舒缓一下。每当这种时候，战士们难得放松下来，任红举都会觉得特别自豪。他们白天睡觉，夜晚行军，躲过敌人一次次空中袭击，潜过冰冷的河水，走过泥泞的路，也被山上的石块砸到过。

战士们没有一个喊苦喊累，文艺兵也没有掉过链子。再苦再累，只要一想到自己背后是国家和人民，他们无论如何都会咬紧牙关，向前冲！

2．为战友顽强的斗志而泪洒战场

在采访过程中，任红举回想起当年的场景。他有一个战友叫刘文，是一个勇敢的女兵，她在前线猛烈的炮火攻击下依然放声高歌。当时他跟着战士们义无反顾地向前奔跑，回头一看刘文的衣服已经被炸没了，鲜血洒了一地，她疼得已经失去了知觉，但还在唱歌。

任红举扛着她一步一步往前走，刘文这时唱起了《白毛女》中的"爹爹出门去还债"，这一句歌词是电影里最快乐的部分，象征着主角重新找到了希望，又有了生活下去的动力。

任红举一边听刘文唱歌，一边止不住地流眼泪，那个时候战友们个个都是好样的。任红举说，志愿军战士们在战场上只有一个信念：活下去，打胜仗！

抗美援朝战争第五次战役第二阶段打完后，部队向北转移，准备休整。可是因第 12 军 31 师 91 团前伸最远，在敌军反扑时被隔断在敌后，等接到撤退命令时，大家已弹尽粮绝了好几天。就算是撤退也得行军十几天的路程，前有追兵，后无支援，面对这一形势，部队首长和全体战士们都十分担心。

望着高高山顶上驻扎的美军，任红举心生一计，他没有告诉任何人，只是在夜里悄悄离开队伍，小心翼翼地爬上了山顶。

那一晚，月亮比任何时候都要圆都要亮，照着山间明晃晃的小路。任红举一路小心地藏匿自己，躲过美军的侦察队，钻到熟睡的敌人身边。敌人的枪还背在肩上，风吹过钢盔在脚边轻轻晃悠，任红举说，当时他的心都要从嗓子眼跳出来了。

任红举说，刚摸到一口装食物的缸，便不敢再动了，还好这口缸里面满满的都是年糕。这让任红举又惊又喜，他把年糕塞满口袋，全身上下都被塞得鼓鼓囊囊，装完就迅速跑回树林的阴影里。

我一路跑回营地，拍醒睡着的同伴，他们惊喜地看着我从身上变戏法似的掏出年糕，队伍里的女同志们全都扑上来，拿起年糕往嘴里塞，连声夸赞。

十几个人的性命，全都因为任红举的舍身取粮而得救。这支队伍填饱了肚子后，撤退任务变得简单了许多，任红举也因此获得了二等功表彰。

3. 书写"金星英雄"胡修道

通过任红举的讲述，我还知道了一位非常了不起的志愿军英雄的故事。

任红举到上甘岭后的第一个任务，就是接回中国人民志愿军一级战斗英雄胡修道。他清晰地记得见到胡修道时的场景："他头部流着鲜血，浑身覆盖着泥土。"胡修道是隶属91团5连的一名战士，在597.9高地战斗了两天两夜，打退美军几十次进攻，歼敌280多人。

任红举在朝鲜的日子，听过无数个震撼人心的志愿军战士的传奇故事，其中便有胡修道的故事。

朝鲜有一项最高荣誉——"朝鲜民主主义人民共和国英雄"称号。在抗美援朝战争期间，志愿军一共有12个人获此殊荣。除志愿军司令员彭德怀外，其他11个战士都来自前线，而这11个人中，就有任红举所创作的《金星英雄》中的重要人物原型——胡修道。

获得最高荣誉称号的人，黄继光、孙占元、胡修道都参加过上甘岭战役，而邱少云也在上甘岭战役前牺牲。胡修道是这四位铁血战士中唯一幸存回国的人，不仅如此，他还有一个令人闻风丧胆的称号——"美军判官"。

这个名号的由来非常地不可思议，胡修道经过一天浴血奋战，一个人共歼灭敌人280余人。这是奇迹般的战功。

那时，任红举刚参加完战术反击作战，从前线撤回医院养伤。作为一个身兼数职的文艺兵，他把战地记者的职责也一并揽下。虽然他已经劳累到被医生建议回国治疗，但一听到远处有炮火声响起，就立马溜出医院，去领新的任务了。

任红举跟着增援的炮兵队伍，一路翻过了两座山，沿途不断有战士被敌军的炮弹击中倒下。离他最近的一次，是一个背着粮食的后勤兵，被敌机"野马"击中，倒在了任红举脚边。可前线的任务还没完成，他来不及感伤，把后勤兵背上担架，扛起粮食筐，就继续跟着运输队伍向前走。

任红举刚到目的地，就看见在重庆一同参军的同学范志伦，拿着对讲机正说话。见他走过来，范志伦立刻对他说：

"小北京"！你来得正好，快去597.9高地，接胡修道回来！

范志伦说的高地，正是上甘岭597.9高地，美军把这里叫作"珍妮·罗素山"，以当红好莱坞女星命名，是为了激发美国士兵们占领高地的信心。可这种小把戏，在志愿军战士面前可以说是毫无用处，志愿军在上甘岭战役的表现可谓是传奇中的传奇。

当任红举第一次见到胡修道时，他被眼前的人惊住了，传言中一天内击退敌人 41 次进攻的"战神",竟是一个看上去和自己年龄差不多的年轻战士。

胡修道身上扛着五六支冲锋枪,浑身上下没有一片衣服是好的,脸上和身上都被污迹覆盖,头上破了的窟窿还在流血,麻木地被任红举搀扶着坐下。待到胡修道适应了一会儿,终于能开口说话了,任红举便迫不及待询问他战斗经过。原来,这还是胡修道第一次上战场,美军给这位年轻人的见面礼是夸张的炮火攻击和人海战术。胡修道断断续续给任红举讲述了自己的战斗经历。

胡修道在 3 号阵地,不要命似的向敌军丢手榴弹。这个战壕里只有两个刚受过战场洗礼的新兵,可他们没有退缩,凭借着刚学会的战斗技巧,打退敌人好几个排的反扑攻击。很快,旁边的 10 号阵地就传来告急消息,胡修道想起黄继光就是在 10 号阵地舍生取义的,他可能也会遭遇了类似的情况,于是脑袋一热,心里更是忍不住冲出一股劲,逼他站起来继续战斗。他就这样反复在两个战地间来回战斗,<u>丝毫感觉不到疼痛和恐惧</u>,冲在最前方。仅剩的一两个战友,也都因为重伤被抬到后方救治,战场上最后只剩下胡修道一人还在战斗。

胡修道担心,如敌人窥探到我方阵地只有他一人,会直接冲过来。他便收集战场上散落的帽子,铺在边上,营造出人数众多的假象,敌人还真的被骗过了。

在没有任何补给的状态下,胡修道打退了敌人 41 次攻击,单人杀敌 280 余人,打破了志愿军战士单日歼敌最高纪录。

在一旁听完这位战士的传奇故事后,任红举心中汹涌澎湃,他想立即将胡修道的故事记录下来，想让全国人民知道这位战斗英雄的英勇表现。

　　　　上甘岭上战火红，硝烟滚滚遮日空。

　　任红举认为，在这样严苛的条件下，还能保持寸土不失的奇迹，胡修道拿到那枚沉甸甸的金星奖章实至名归。60多年过去了，任红举依然记得，那一年战场上，夕阳像战火一样鲜艳，他在战壕中为战士们高声歌唱，鼓舞士气。

　　他四处收集战士们的战地材料，当作创作原型，随身携带的帆布挎包里装了满满的一包香烟纸盒。环境艰苦，没有纸和笔，他就把纸烟盒撕成小条来保存故事。写字的钢笔放在任红举胸前的口袋里，碰到匍匐前进的时候，他还要时不时把手探进口袋里，确认老伙计是否还在。

　　就这样，任红举一点一点地把收集来的故事记录下来，创作成一部部文艺作品。"金星英雄"胡修道的故事，就是这么来的。任红举说，他当年参军上战场的想法很简单，就是要告诉世界上的所有人：

　　　　中国人不是好惹的，中国人不能任人欺负！

　　在金城阻击战中，身为文工团队员的任红举主要任务就是创作和宣传。他埋头学习，深入钻研，用最快的速度掌握了山东快书、相声、数来宝、拉洋片、舞蹈等创作技巧，一共完成了40多部作品，得到全小组和文工团领导的一致好评。不仅如此，任红举还与艰难的工作环境作斗争，没有编剧那就自己写，少了演员就自己上。他说"有困难也得迎着上"，就是这样不服输的性格，让他在短时间里快速成长起来。

功夫不负有心人，在金城战役评功总结中，任红举因在军汇演作品荣获一等奖、优秀演员奖，中国人民志愿军第12军31师党委批准任红举个人二等功1次。

每当回忆起抗美援朝战争，任红举都会忍不住翻看这些英雄人物的事迹。他动情地说：

> 我的钢笔在战争中就是钢枪刺刀，这钢枪刺刀要在上甘岭这块大磨石上，磨得更加锋利。五次战役我的31师被上级赠以代号'黄河'，这代号也是我磨亮'笔刀'的光荣之水。

4. 归国后继续讴歌军魂，退伍不褪色

归国后，任红举积极投身词作研究，创作能力不断提升，部分作品被人们广为传唱。他先后创作出《中国，中国，鲜红的太阳永不落》（合作）、《太湖美》《我爱我的称呼美》《夕阳背着星星》《上海长高了》《巡逻在回归土地上》《评弹摇滚穿越霓虹》《登高一望》《中国你往高处走》等一批优秀的作品，曾荣获过全军一等奖，在全国广为流传。其中《中国，中国，鲜红的太阳永不落》更登上了"庆祝中华人民共和国成立70周年联欢活动"。

1995年2月，任红举退休到上海市虹口区军干一所。他仍热爱工作，时刻保持着"退役不退志，退伍不褪色"的军人本色，充分发挥自己文化创作的优势，积极参加社会文化宣传，组织军休干部们一同为军干一所的所歌谱曲填词，参加第八届全国运动会文学创作及歌舞策划工作，为纪念

上海解放 60 周年"拂晓之光"交响音乐会中的交响合唱《拂晓之光》作词，为复旦大学 100 周年、清华大学 100 周年校庆的主题歌作词，还为长征医院、海军医学院的院歌作词、作曲。

抗美援朝出兵 70 周年这一年，任红举已近 90 岁，接到我们的采访电话后，很热情地邀请我们前往上海家中采访。镜头之下，我们看到了一位饱经战火洗礼的老战士的风采。他退休后，依然通过各种途径不断宣讲战斗英雄故事、我军革命传统，用自身经历传播红色文化、传承红色基因，续写着一位英雄的辉煌人生。

上
———
下

上　青年时期的任红举

下　任红举（左一）和战友们

五、保护彭德怀的志愿军
司令部警卫营营长

丁朝忠

丁朝忠接受采访现场

彭德怀司令员两天两夜没合眼，没吃东西。彭总讲："我回去咋交代，我回国向毛主席怎么交代？"

我是中国人民志愿军（司令员）彭德怀警卫营的营长，我是1942年参加的八路军，1950年10月19号随彭老总到鸭绿江的。

（有一天敌人）飞机丢炸弹，机枪扫射。丢这个炮弹，正好都炸在另外几个地堡上了。大家（看）这个炮弹一炸，知道有战友被炸，后来我们才知道其中一个人是毛岸英，毛主席的儿子毛岸英牺牲了。大家的情绪说不出来，很痛苦，所有人眼泪都往下掉。彭德怀司令员两天两夜没合眼，没吃东西。彭总讲："我回去咋交代，我回国向毛主席怎么交代？"后来我们大家都站起来，默哀3分钟。

这是我在采访的过程中，第一次听到丁朝忠讲述毛岸英牺牲的经过。我相信丁朝忠的回忆是真实的，因为他的身份不一般，他是现场的见证者。讲到毛岸英牺牲的时候，丁朝忠沉默了很久，我看到他的脸颊已有两行热泪，明显情绪十分激动，好像自己又回到了当年的阵地。

采访过程中，丁朝忠有时候听力和反应不太敏捷，需要我提醒他。他告诉我他10岁就入伍了，先后经历过抗日战争、解放战争、抗美援朝战争。入朝前，他被任命为中国人民志愿军司令部警卫营的营长，任务就是保护彭德怀和志愿军首长们。

敌人飞机扫射，我们把彭老总围在中间。敌人丢炮弹，我们就趴在他身上。一个班12个人，我跟大家讲，我们牺牲不要紧，千万不能让彭老总受伤，大家一定要保证他的安全。

这是2020年，93岁的老八路、志愿军一等功臣丁朝忠面对采访镜头时说的一段话。

丁朝忠，1927 年出生于河南省鹿邑县的一个贫困家庭，幼年时随家人过着四处漂泊的生活。1937 年，年仅 10 岁的丁朝忠开始了在战场上的烽火青春。他参加过平津战役、渡江战役等大大小小战役 300 余场，在抗美援朝战争中荣获一等功 1 次、三等功 1 次。

1．孤军入朝探敌情

1950 年 10 月，我随中国人民志愿军援朝作战的第一批部队，趁着夜色掩护，越过鸭绿江进入异国。在过江的密集人流中，有一辆小小的吉普车，这辆没有引起任何人注意的吉普车里面坐着的人，就是我们志愿军的司令员——彭德怀。

丁朝忠对 70 年前的入朝细节，至今记忆犹新。

丁朝忠说，当时为了尽快熟悉前线的战场形势，彭德怀司令员让部队按计划有序向战区挺进，把指挥部和大部队甩在身后，只带着丁朝忠和一名参谋、几名警卫员，以及一辆载着电台的卡车，提前过江入朝，孤军深入探敌情。志愿军计划率先在清川江以北的德川、宁远一带建立一条防御线，以阻挡住"联合国军"，为志愿军寻找破敌机会。

2．保护首长，首次遇到敌机轰炸

在镜头前，丁朝忠讲了这么一段往事：

记得那是 1950 年 10 月 20 日下午，我和彭德怀司令员乘坐的吉普车正常行驶时，我突然听到飞机的声音。我开始张望，飞机是从什么方向来？这个时候，美国飞机已经到了我们的上空，正向我们投下炸弹。

　　在这千钧一发的时刻，我的第一反应，是保护彭德怀司令员下车。刚把司令员护到一棵树下时，一炸弹投在离他两步之处。我见炸弹尾部的叶片还在转，便飞快起身抱着炸弹就跑。跑了几步，就把炸弹扔向一个坑里，炸弹"轰隆"一声爆炸了，我被飞土全部盖住了。

　　当司令员反应过来时，已经看不到我了，他就向爆炸声的方向跑来，边跑边叫"小丁子，小丁子"。我说："我在这里。"司令员和随行人员连忙把我从土堆里拉出来，之后就说："小丁子你不怕死呀，那可是炸弹呢。"我抖抖身上的土笑着说："只要司令员安全就好，哪里管这么多呀。"大家看到我没事，都放下心来笑了。

　　回到车上后司令员又问我："小丁子，你真不怕炸弹爆炸么？"我这时才有一点点怕，但我还是笑着说"不怕"。大家听后哈哈大笑起来。

　　我们一到达新义州，迎面而来的就是敌机的低空侦察和扫射。我们隐藏在树林中，敌机贴着山梁、掠着树梢飞来飞去，看到有汽车就在我们眼皮子底下被炸得燃起大火。

志愿军司令部设在大洞北面的大榆洞矿区。由于矿洞里阴暗潮湿，司令部便在山坡下一座木板搭的工棚里办公。工棚里亮着一盏油灯，板壁缝里不时冒出阵阵白雾，再凝结成霜。地上有一条小水沟，散发出硫黄的气味，一张行军床就架在水沟旁。

谁能想到，这竟是中国人民志愿军司令部的驻扎地，彭老总平时就在这间屋子里来回踱步，对着板壁上的一幅作战地图紧锁双眉。

丁朝忠说到彭德怀在朝鲜战场上曾数次遇险的故事，给我们讲述了这样一个细节。一次，敌机在司令部上空盘旋，空袭警报响起时丁朝忠恰好在防空洞中。

我在洞里没看到彭老总，拔腿就朝洞口跑，有人拉我说："你疯啦？"

洞外天已渐黑，却被敌机投掷的照明弹照得明晃晃的，炸弹掀起的热浪震得人头皮发麻。丁朝忠向彭德怀所在屋子快步跑去，见彭老总正披着大衣在烛光下看文件，屋里满是浓烈的火药味儿。

我看彭老总全然没有察觉，便和警卫排的几名同志连拉带拽把老总扶进防空洞。我的责任就是确保彭老总安全，敌机在哪儿不重要，彭老总必须在安全区域。一行人刚进洞里，一长串子弹就擦着屋檐扫射过来。

丁朝忠说，保护司令员任务艰巨，责任重大，不容有失，精神必须保持紧张。就在彭德怀司令员入朝探敌情的第二天下午，南朝鲜军一支先头部队眼看就要与他们的车辆相遇。察觉危险后，彭德怀处变不惊，带领丁朝忠及其他随行人员利用复杂地形，继续向北挺进。

故人做梦也没想到，中国人民志愿军司令员竟然就藏在眼皮底下。

说到这个细节时，丁朝忠笑了，他说，彭总的临危不乱，让他感受到了一个老战士的勇气。随后，他们一行人机智地绕路往北，昼伏夜行，最后在距离北镇3公里一座叫作大榆洞的金矿，见到了金日成首相和其他领导人。

3. 目睹毛岸英烈士牺牲经过

在抗美援朝总指挥部，美国飞机来偷袭，当时我正在巡查。看到飞机向司令部飞来时，我二话不说跑去一号指挥部，拉起司令员就往外跑，刚跑到安全区，就听到身后一连串的爆炸声。回头一看，六个坑道的一号、二号、三号、四号全部被炸平了，只有五号、六号还没全部炸毁。

等美国飞机走后，彭德怀司令员说："小丁子你又救了我一次呀。"随后又说："美国想要我彭德怀命的人还没有生出来呢。"大家笑了。说完司令员叫清点人数，看看受伤多少人。等清点完后，大家说没有看见刘秘书，司令员马上紧张起来，大家不约而同地往三号坑道口跑去。

大家跑去一看，都很惊讶，房子全被烧毁，大家急忙灭火抢救人。彭德怀司令员说："完了完了完了，我回去怎么交代呀，我回去怎么交代呀！"我问彭德怀司令员："咋的呀？"他说："刘秘书是毛主席的儿子，毛岸英呀！"我一听也被吓坏了，这可咋办呢？

我作为司令部警卫营营长，是负责每个人的安全的，这可咋办呀。司令员坐在地上，什么都没有说，只是泪流满面，低头自语："对不起啊，对不起，我没有保护好你呀。"我也感到自责，没有保护好每个人的安全。

我叫大家赶快收拾东西和设备，等收拾干净后，彭德怀司令员起身走到指挥室，坐在临时架起的桌子边，拿起笔和纸在上面写，写了丢，丢了写。

讲到这一段的时候，丁朝忠已经是满脸泪水。

毛岸英牺牲了，我们要为毛岸英报仇。咱们就用炸药包、火箭筒，打得敌人往南后退。

丁朝忠告诉我们，当得知毛主席的儿子毛岸英牺牲的消息后，全体战士愤怒到了极点，大家都高喊要为毛岸英报仇，战斗情绪完全被点燃了。

4．英勇智斗王牌军

云山战役，是志愿军与美军在朝鲜战场上的首次交锋，也是丁朝忠最念念不忘的一场战役。云山是朝鲜北部极其重要的交通枢纽，如果拿不下来，以后的战斗将十分困难。

10月21日，彭德怀司令员在了解前线情况后，利用敌人分兵冒进、摸不清我军实力的有利战机，决心在运动中歼敌，坚决打掉敌人的嚣张气焰，打出国威军威。说起和美军王牌军交手的经过，丁朝忠印象深刻：

> 10月25日，志愿军主力迅速集结，云山战斗和两水洞战斗即将打响。
>
> 云山战斗中，一开始，我们以为打的是南朝鲜军，但打起来才发现是美军的王牌军。

1950年11月1日，负责进攻云山的是志愿军第39军，军长是吴信泉。由于并不知道美军已经进入云山与南朝鲜军队换防，志愿军误以为敌人要跑，于是将总攻云山的时间提前了2个小时。当得知面对的敌人是美军后，英勇的第39军没有犹豫，越打越勇，原定提前2个小时的总攻照常进行。而对面的美军王牌骑兵第1师，则完全低估了志愿军的战斗力，异常骄傲自大。

> 第39军派116师346团2营4连，采取迂回包抄的战术直接摸到了美军的营部。随着一声令下，4连对美军营部发起了突然袭击，打得美军措手不及，吓得赶紧撤离。他们以为光靠响当当的名号就能镇住志愿军，岂不知几个小时后被志愿军横扫。

在采访时，丁朝忠始终是精神抖擞，越说越激动：

美第八集团军司令沃克是想利用云山的重要位置一战定乾坤，迅速击溃志愿军，向鸭绿江推进，所以才会拿出王牌部队。事实证明，沃克的想法太天真了。

听到这里，我看到了丁朝忠眼神里透露出的自豪和坚定。

5．不灭光辉永传承

丁朝忠在抗美援朝战争中荣立一等功 1 次、三等功 1 次，1955 年他被授予上尉军衔。回国后，丁朝忠随部队来到贵州。退伍后的他深藏功与名，在贵州省北斗山监狱任职。几十年来，他鲜少对别人提起自己的过去和获得的荣誉。

上了战场，早就把生死置之度外了，更何况是个人荣誉。

丁朝忠一直重复着这一句话。一线的战友打到没人了，警卫员、炊事员也要补充上去，决不后退一步。那些出现在电影里的炮火轰鸣、枪林弹雨的场景，都是他的亲身经历。

在他看来，个人荣誉不值一提，那段用青春和血泪浇灌的珍贵岁月，连同所有志愿军战士前赴后继、保家卫国的赤子之心，一起镌刻进了佩戴在胸前的军功章里，永远熠熠生辉。

抵御外辱、保家卫国，这是我一生最大的荣耀。

丁朝忠哽咽中饱含坚定：

    中国人民志愿军用鲜血和生命赢得了历史性的伟大胜利，十几万英雄儿女长眠在朝鲜半岛的土地上，誓死捍卫住了新中国的安全和尊严。现如今祖国繁荣富强，人民安居乐业，年轻一辈接过时代接力棒，希望他们珍惜来之不易的幸福生活，传承永不磨灭的爱国精神，在新时代建立属于他们的功勋。

    丁朝忠的二儿子丁现文告诉我，他们兄弟姊妹四人，竟也是在2000年父亲患病时，才得知他这段不平凡的人生经历。"当时我父亲生病住院，病情加重了，他就把我们兄妹几个叫过来，跟我们说家里的铁皮箱底下有他从军的东西，我们把皮箱打开一看，里面有军装照，还有一些军功章。"

    当看到这些军功章的时候，作为子女的他们完全被震撼到了，他们这才知道眼前这位看似朴素的父亲，竟然有着这么不平凡的一面。

    我问丁朝忠，70年过去了，想起以前的战友是什么感受？丁朝忠依然泪流满面。他告诉我们：

    眼下生活很知足。想起以前的战友在那么艰苦的条件下，缺吃少穿还要战斗，很多战友才二十岁不到，把生命留在了朝鲜，想起他们我就难过。我没有什么资格再去要求什么，活着就是我的福分，要继续为宣传他们而努力，我会永远铭记他们。

    丁朝忠接受采访的时候，距离10月25日很近了，那时候，他已经收到了中共中央、国务院、中央军委颁发的抗美援朝出国作战 70 周年纪念章。知道我们前来，丁朝忠特意戴上，他说：

> 这个纪念章不仅是对我个人的认可，更是对数十万中国人民志愿军的认可，也是国家对我们这些老志愿军的关怀和鼓励。

采访结束后，丁朝忠亲自把我们送出门。临走时我叮嘱他的儿子，一定要照顾好你父亲，作为彭德怀的警卫营长，他的故事可能还有很多。2023 年 7 月 27 日，是抗美援朝胜利 70 周年。直到今天，已经 96 岁高龄的丁朝忠依然健朗。我想，这和他经历过炮火洗礼，经历过大风大浪的岁月有关。

左 | 右

左　青年时期的丁朝忠
右　丁朝忠的勋章

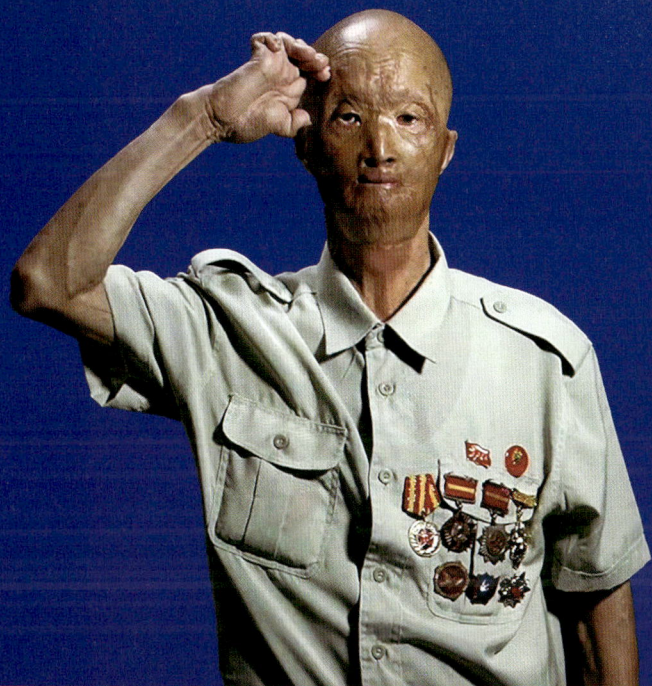

六、历经八次手术的
　　一级伤残军人

涂伯毅

涂伯毅接受本书作者采访

虽然现在我的手卷曲了，我的面容改变了，
但是我的灵魂没有改变。

我就看着一架敌机从汉江南岸那边盘旋过来了，我模糊地发现敌机上投了个什么东西下来，瞬间我就听到"扑哧"一声喷出火焰，是凝固汽油弹。我冲出火海，身上还在燃烧。我看到身后不远的地方有个很小的石崖洞，我就冲了进去，这个时候我才感觉到我烧得火辣辣的痛，才感到我负伤了。

　　我在医院里，有一次我出来到外面一个水塘边上，我第一次看到（烧伤的面容），当时还是有点难过。有的人可能不想活了，我曾经也有那个念头。

　　这是涂伯毅在接受我的采访时，面对镜头讲述的一段话。2020年9月，我带着摄制组走进四川省革命伤残军人休养院，这里是专门为因战受伤的老红军、老八路、解放军、志愿军等伤残军人而设立的一处休养院。

　　四川省革命伤残军人休养院始建于1951年，先后集中供养了2800多名伤残军人，其中参加抗美援朝战争的约2200人。60多年来，该院伤残军人克服常人难以想象的困难，力所能及为祖国建设做贡献，义务作教育报告近万场，受众300余万人次，产生了积极的社会反响。2019年，该院被表彰为"全国退役军人工作模范单位"。

　　2020年，中国人民志愿军抗美援朝出国作战70周年之时，志愿军老战士涂伯毅代表该休养院全体伤残军人给习近平主席写信，汇报工作和生活情况，表达他们不忘初心、牢记使命、保持本色，继续为实现中华民族伟大复兴添砖加瓦的决心。

　　在我们采访涂伯毅期间，恰逢习近平主席给四川省革命伤残军人休养院全体同志回信，向他们致以诚挚的问候。在回信中，习近平主席称赞：
"60多年来，你们坚持爱党、信党、跟党走，积极参与爱国主义教育和国防教育活动，继续为党和人民贡献自己的力量，展现了初心不改、奋斗不止的精神。"这既是习近平主席对老战士的致敬，也是对他们的勉励和关怀。

在采访涂伯毅前，罗援将军给我看了一个视频。视频里的涂伯毅面部烧伤严重，让我为之一震，我当即决定把他作为首批采访对象。

经过和有关部门的沟通联系，我们很快就来到四川省革命伤残军人休养院，休养院位于成都市内的一个安静角落。走进院子的时候，我看到许多残疾军人在散步，我立刻感觉到，这是一处功臣汇聚地。很快，在院方相关同志的引领下，我们来到了涂伯毅的住处。他的房间位于休养院的楼上，这是专门为伤残军人准备的房子，里面简单而朴素。

走进房间的时候，涂伯毅已经在等候了。说心里话，当我真正看到他本人的时候，我感到更加震撼。涂伯毅不仅面部烧伤严重，手和胳膊也呈弯曲状态。初次见面，涂伯毅很热情，坐下后，他开始向我们讲起不平凡的战争往事。

我叫涂伯毅，今年89岁，我是中国人民志愿军第42军126师老战士。我是1949年12月份参加中国人民解放军，1950年10月19号的晚上，渡过鸭绿江，参加抗美援朝战争。

1. 被汽油弹烧成一级伤残

1949年12月，涂伯毅从今天的重庆市云阳县参军入伍，是第一批入朝作战的中国人民志愿军战士，参加了抗美援朝战争第一至第四次战役。

入朝作战不到 4 个月，1951 年农历大年初九，他所在的部队就遭遇了一次致命的攻击。这场战斗，可谓九死一生。

1951 年初，时任"联合国军"总司令的李奇微启动了"霹雳作战"，中国人民志愿军被迫发动了第四次战役。在"西顶东放"的部署下，2 月 13 日，时任中国人民志愿军副司令员的邓华率领东线部队，胜利结束了横城反击战。邓华的下一个目标，就是敌军东西线的结合部——砥平里。只要打通了这个位于朝鲜半岛肚脐的位置，就有可能打破"联合国军"的反扑。

砥平里的战略意义如此重要，"联合国军"自然会严防死守。1951 年 2 月 15 日，西线的美骑兵第 1 师、英军 27 旅和南朝鲜第 6 师迅速增援砥平里。敌人的增援方式还是老路子：空军开先锋，炸出我军的各个潜伏点。

美国轰炸机在我军外围阵地上一顿狂轰滥炸。作为第 42 军 126 师战士的涂伯毅，当时就奉命潜伏在砥平里外围的一处高地上。

1951 年 2 月 15 日下午 3 点多，涂伯毅和两位姓谢的战友"大老谢"、"小老谢"伪装好，一起隐蔽在朝鲜汉江北岸文福里的山坡上，观察放哨。十几架敌机总是在他们头顶盘旋，他们忍受着敌机掠过的气流和发动机的巨大噪音，涂伯毅在采访时回忆，他甚至可以看清敌机上的英文字母。

就在他们要转移的时候，从汉江南岸飞来的敌机一阵盘旋，突然投下几枚汽油弹。涂伯毅习惯性地卧倒，四肢撑地，张开嘴巴，但他没有等到重磅炸弹震耳欲聋的轰鸣，却听到一声奇怪的"嘭"。

就像气浪爆炸一样，整个山坡一片火海，这个时候我才明白，敌人投了凝固汽油弹。当时山坡上的树木、蒿草甚至石头都燃烧起来，我完全置身火海之中。

涂伯毅此时记起放哨之前观察过地形，他的左边是悬崖。来不及多想，他把身上携带的手榴弹、子弹都掷了出去，赶紧向右边撤离，看到不远处有一个石洞，便立刻冲了进去。当他把身上的火苗扑灭之后，洞外"噼噼啪啪"的燃烧声还在持续。之后，才感觉到全身火辣辣的疼痛。美军的进攻从当天下午3点开始，持续了2个小时。涂伯毅一直躲在石洞里，等到夜色降临，才被战友寻找到接应下山。后来他才知道，一起隐蔽的两位战友，"大老谢"被烧伤，"小老谢"牺牲了。

2. 伤势严重，回国治疗

那个时候，我的伤势什么情况，自己看不到，我就记得我的手指烧卷曲了，湿漉漉的。当时脸上的皮肤、手上的皮肤都给我修剪了，做了包扎，把我扶上担架抬下山了。

由于汽油燃烧弹烧伤力太大，涂伯毅全身大面积烧伤，面容被毁，双手也粘连在一起，在前线很难得到有效的治疗。于是，刚到朝鲜不到4个月的涂伯毅不得不被送回国治疗。

因为双眼一直蒙着纱布，起初涂伯毅并不知道自己的伤势如何，在意识恢复后，很想了解自己的伤势情况。他告诉我，有一天，他趁医务人员不注意，偷跑到医院外的一处水塘，通过倒影看到了自己烧伤后的模样，他完全被自己的样子吓到了。

> 我第一次看到（烧伤的面容），之前肯定想到是丑陋的，你跟原来是两回事情，那是天差地别。我当时感到万念俱灰，失声痛哭。

院方医护人员鼓励他要坚强，同时为了让涂伯毅得到最大程度的恢复，部队安排他到江浙、东北等多家知名医院进行治疗，植皮、整形等大手术他经历过不知道多少次。

> 我是面部烧得严重，眼皮也烧坏了，睫毛有点往里头倒，手烧得严重，原来手指头都连在一起了。后来给我做了多次大手术，把手指头一个一个地分开，又做了植皮。慢慢我就开始学习拿调羹和筷子。

由于医护人员的精心照料，涂伯毅的伤情渐渐得到了好转。

1954年，涂伯毅伤情基本治愈，回到四川。两年后，他正式从部队退役，住进四川省革命伤残军人休养院。从此，他再也没有离开过这里，直到今天，他已经把这里视为自己的家。

负伤治愈后，涂伯毅才刚满25岁，正值青春年华，面对全身大面积烧伤、双手手指不能屈伸和面部严重毁容的自己，如何度过此后的余生？一段时间里，悲观情绪笼罩着涂伯毅，他不愿意到公共场所，也不见人。为了避免与更多人接触，他主动承担了休养院的档案管理工作。

说到当时的心情，老英雄给我们回忆起一些细节：

有一次我上街去，把一个孩子吓哭了，当时我精神上受了一点刺激。我就想着还是少出去，把别人吓着也不好。所以我自己选择了做档案工作，因为那时候我也不太想让外面的人看到我的面孔，觉得这个工作适合我。

　　当时痛苦过，好像一辈子都完了，你怎么去面对这个问题？一个人的命运，对于生与死、美与丑，没有坚强的意志克服不了。我就想到牺牲的战友，跟我一起负伤的谢尚文同志，他牺牲了，我还活下来了嘛，我还是个幸运者。我活下来就是一种幸福嘛。

后来，在休养院领导和战友的鼓励下，涂伯毅慢慢地意识到，身体的残疾并不可怕，可怕的是精神上的颓废，可怕的是一个人丧失了革命的上进心。他开始积极面对人生。不久，中央提出了"教养并重"的方针，四川省革命伤残军人休养院也及时开展"战三关"活动，激励伤残军人挑战"思想关"、"生活关"和"学习关"，振奋精神，重塑生活信心。

　　伤残军人在战场上是勇士，负伤了也不能认尿。要想做一个对社会有用的人，就必须坚定理想信念，练就钢铁意志。

单位领导和战友们耐心的开导，使得涂伯毅的心态渐渐转变。

　　经过一段时间的接触，涂伯毅发现，休养院里像他一样重度残疾的有800多人，不少人的伤残程度比自己还严重。但他们中的很多人十分乐观，对生活依旧热爱。其中就有同为中国人民志愿军战友的徐厚贤，他也是遭敌机轰炸负伤，导致双目失明。徐厚贤常对身边人说："虽然我的眼睛看不见了，但共产主义的光芒会把我的心照得透亮……"

战友们的革命乐观主义精神，让涂伯毅受到极大的触动。于是，他开始反复阅读《钢铁是怎样炼成的》《把一切献给党》等书籍，以保尔·柯察金、吴运铎为榜样，重拾对生活的信心和勇气。

> 虽然现在我的手卷曲了，我的面容改变了，但是我的灵魂没有改变。只要是对党、对祖国、对人民有利的事情，哪怕再小我都要去做，而且争取要把它做好。

涂伯毅告诉我，经过一番思想上的自我革命，他当时心态得到了很大的改变。"思想关"能过，"生活关"过起来就没那么难了。休养院的伤残军人们喊出了"残而不废，身残志坚"的口号，想方设法互相鼓励，克服伤残困难。有的战士失去手脚，就用两条残臂练习吃饭、穿衣。其中有一位叫刘渝生的战士高位截瘫，通过锻炼双臂力量，重新"站"了起来。还有很多截肢的战友，学会用断臂扣纽扣、拧毛巾，学会弹奏手风琴，用残臂绑着折扇跳民间舞蹈。大家互相鼓励、互相支持，坚定了好好生活下去的信心。

生活能自理，思想上也要"自立"。当时休养院采用丰富多彩的学习形式，如定期召开学习会，播放经典影片，开展不同的文艺活动，还成立了文艺创作组、编织组、修配组等，丰富大家的文化生活。为了丰富他们的业余生活，休养院还成立了伤残军人业余演出队。在这里，涂伯毅不但学会了电工和舞台美工，还自学舞蹈表演、合唱指挥和打击乐器。由于他是这群人中少有的双眼与四肢健全的人，因此，他成为舞蹈演员中的主力和合唱队指挥。

> 雄赳赳，气昂昂，跨过鸭绿江。
>
> 保和平，卫祖国，就是保家乡！
>
> 中国好儿女，齐心团结紧。
>
> 抗美援朝，打败美帝野心狼！

在现场，涂伯毅为我们再次高唱了《中国人民志愿军战歌》。后来，涂伯毅高歌《中国人民志愿军战歌》的视频推出后，在央视以及各大视频平台获得了上千万点赞和关注，网友们纷纷留言：通过老英雄的歌声，感受到了他们在战场上的冲锋和勇敢。

涂伯毅告诉我，在这里，正是因为这段时间不懈地努力，他迎来了人生中又一次高光时刻。

1958年，让涂伯毅终生难忘。这一年，在休养院里表现突出的他，要随四川省伤残军人业余演出队赴北京演出。6月1日，演出队在北京政协礼堂汇报演出后，周恩来总理、朱德元帅等中央领导上台与演出队成员亲切握手，祝贺演出成功，并称赞他们不仅是人民的战士，还是人民的艺术家。

说到这里，涂伯毅语气激动了起来：

> 我当时记得周恩来总理跟我握手的时候，亲切地问我负了几次伤？现在还能够唱、跳，还能够指挥，你真不错！你现在身体怎么样？你好好地保重身体。我激动得心都快要跳出来了，跟总

理讲："请总理放心，我的身体很好！"总理拍着我的肩膀，我全身充满了暖流，感到无限的幸福。

涂伯毅还讲起一个令他记忆深刻的细节。周恩来总理在观看完汇报演出后特意问道："刘渝生同志来了没有？他那首诗《我们的心永远忠于党》写得很好，我们要建议首都的报纸刊登这首诗。"最让涂伯毅和战友们感动的是，6月29日，周恩来总理处理完工作后，还在深夜亲笔抄录了《我们的心永远忠于党》这首诗，送给演出队作纪念。

涂伯毅说，战友刘渝生是怀着对党的赤诚、对生活的热爱创作出这首诗歌的，也表达出他们共同的心声。

这是给我们最高的荣誉，我们演出队全体成员读了一遍又一遍，直到泪眼模糊。要是没有党的母亲般的关怀，没有广大群众的帮助，没有优越的社会主义制度，像我们伤残如此严重的人，很难有活下去的勇气。

周恩来总理提到的刘渝生，是四川宜宾人，1950年参加中国人民志愿军，1952年加入中国新民主主义青年团（后改名为中国共产主义青年团）。次年在抗美援朝战争中负伤，双下肢瘫痪，被认定为特等残废。1955年到四川省革命伤残军人休养院休养，以坚强的毅力从事文学创作。他先后发表战斗回忆文章18篇，诗歌《我们的心永远忠于党》等6首，纪实性电影文学剧本《永远忠于党》，还著有短篇小说《班长》等。1976年刘渝生逝世后，被四川省人民政府批准为革命烈士。他的坚强和乐观是涂伯毅战胜自我、通过"战三关"的一个好榜样。

3．积极生活，收获爱情之花

积极的生活态度让涂伯毅找到了自信，给他终生带来希望的人也在这时悄然来到了他的面前。

在国防部组织的一次座谈活动中，涂伯毅应邀担任合唱指挥，指挥现场包括元帅、将军们在内的人一起合唱《社会主义好》等歌曲。1958 年，演出队在北京待了 3 个多月，共巡回演出 100 多场。回四川后，又加紧排练，在全国 25 个省市巡演。

在进行全国巡演的过程中，一位来自成都郫县的美丽护工刘会兰进入了他的视线。

> 选择舞蹈人员需要女娃娃，当时我们去选，我看到她舞蹈姿势也还可以，排下来还符合要求，全院的领导看了也很满意，所以就把她作为主要的培养对象。

这是涂伯毅对刘会兰最初的印象。

年轻漂亮的刘会兰加入演出队后，与涂伯毅接触的机会渐渐多了起来。本来，刘会兰就对曾经为国奉献的英雄怀有崇敬之情，与涂伯毅朝夕相处一段时间后，涂伯毅身残志坚、积极乐观的精神也深深打动了她，两人擦出了爱情的火花，一年之后两人走进了幸福的婚姻殿堂。

涂伯毅妻子刘会兰对我说："我跟涂伯毅确实也是一种缘分。涂伯毅负伤了，漂漂亮亮的一个小伙子成了那个样子，这值得我们尊敬，也值得我们付出。虽然刚开始也有过顾虑，后来成立了家庭，我觉得涂伯毅非常好，事业心也比较强，好学，我觉得我们家庭很幸福，如今有了三个儿子，还有三个孙儿。"

歌曲《转盘枪和手榴弹》，是涂伯毅当年在抗美援朝战场上唱过的战斗歌曲。当年，因为负伤致残，他不得不离开战场，为了弥补这个遗憾，三个儿子成年后，他把其中两个都送到了部队。如今，父子身穿陆海空军服的照片，醒目地张贴在家里客厅的墙上，让晚年的涂伯毅充分感受着作为军人的荣耀，享受着新时代的美好生活。

丰富多彩的业余文化生活和美好爱情的滋润，让涂伯毅对生活更加充满激情。在做好演出队工作的同时，他还积极参与到国防教育之中，义务到部队和学校、企事业单位，为部队官兵、广大师生和干部职工做爱国主义教育报告。60多年来，他走遍了成都及周边地区，行程几十万公里，做报告近万场，听众近300万人次。涂伯毅讲道：

> 最忙的时候几乎每天都有，因为学校很多。原来我们只是讲爱国主义教育，现在就是国防教育，根据不同的对象，内容不一样。青少年是我们的接班人，希望他们好好读书，学点本领，今后为党的事业，为国家和社会服务。

讲到这里，涂伯毅说，有一位残疾女孩让他印象深刻。在当地生产假肢的厂里，有个工人的女儿，从小患有小儿麻痹症，高考落榜后一度悲观厌世。这位工人听了涂伯毅的报告后，便请求涂伯毅帮助开导自己的女儿。涂伯毅二话没说就赶到这位工人家里，以自己的亲身经历，鼓励这个残疾女孩放下思想包袱，树立积极进取的信心。为了让这个女孩能够自食其力，有一份稳定的工作，涂伯毅找到新都区民政局、残联、妇联等单位，几经协调，为她找了一份会计工作。

春秋风华弹指过，带伤之躯唯自强。如今，92岁高龄的涂伯毅骨子里依然透着军人本色，他自强不息的精神和服务人民的情怀，得到了社会各界的一致认可。近年来，他先后被评为"成都好人"、"四川省最美老人"、"四川省优秀退役军人"和"全国模范退役军人"，成为伤残军人的楷模。涂伯毅说：

> 我没有白白度过我的一生。国家给我们这些人员安排了很好的生活环境，我们已经够幸福了，我有什么理由不去报效国家。我觉得我自己做的还不够，要把有限的生命投身到无限的为人民服务中，人民对美好生活的向往就是我们的奋斗目标。

4. 能活着回国就是一种幸福

> 战斗中有伤亡是肯定的，不知道多少人死在了战场上。
>
> 虽然我的手指再也不能伸直，但我还能走，还能跑，还能跳，还有眼睛可以看。活下来就是一种幸福。

涂伯毅说，比起客死他乡的战友，自己是战争中的幸存者，是幸运的。

虽然涂伯毅现在已经92周岁，但他每天依旧穿着干净的旧军装，衬衣上的风纪扣系得整整齐齐，随时准备着荣誉馆的讲解任务。"那里是我新的阵地"，他摆弄着头上的黑色棒球帽说。

在这座大礼堂改建的荣誉馆内，涂伯毅不知道进行过多少遍讲解。在给我进行讲解时，我发现，他熟悉这里的每一件展品，从一楼领导人为休养院伤残军人的题词，到二层的各类赠送纪念品，再到三楼的休养院历史和英模人物照片。根据不同嘉宾的时间安排，他可以干净利索地在半个小时内完成讲解任务，也能够从容地以一个小时为单位侃侃而谈。在荣誉馆二楼，有一张画家丰子恺赠给伤残军人业余演出队的《菊花图》，是他的介绍重点之一。显然，他很喜欢这幅题着"经霜犹艳的黄花献给最坚强的英雄"的国画，还把它复制装裱在休养楼四层的家里。

在采访的最后，涂伯毅说了这样一段话：

> 我作为一个志愿军的老战士，我在战场上负过伤，没有什么后悔的，把我的青春献给了祖国，献给了中华民族。你看我们现在的国家多好。
>
> 我就希望我们中国人个个都是这样的好汉，我们民族有希望，所以我还在争取高高兴兴地活，我看看我们祖国今后的发展，我还有这个希望。

这不是喊口号，而是几十年的坚守，是一位志愿军战士刻在骨子里的价值观。

采访结束后，涂伯毅送我出门。我突然觉得，好不容易来到这里，如果不多记录一些依然健在的志愿军英雄，那就太可惜了。于是，我提出能否请他再介绍几位志愿军老战士。他二话没说，带我们去了楼下。而当我看到这位志愿军老战士的时候，更觉震惊——这是一个腿脚全无的人。

他就是我接下来要讲述的电影《长津湖》"冰雕连"的艺术原型：一级伤残军人周全弟。

上
———
下

上　青年时期的涂伯毅（左）和战友

下　涂伯毅（左）演出照

上
────
下

上　涂伯毅听收音机

下　涂伯毅学习使用电脑

上
———
下

上　涂伯毅在荣誉馆内讲解军史

下　涂伯毅与妻子刘会兰（杨鸿摄）

七、电影《长津湖》"冰雕连"
艺术原型

周全弟

周全弟书写"抗美援朝保家卫国"，并与本书作者合影

为了坚守命令，浑身已经失去了知觉，大便和小便都在裤子里解决了。

抗美援朝是正义的，打出了军威、国威，值得！我虽然残废了，但不后悔，如果每一个青年人都不参军，不去战场，那我们国家怎么办？人民怎么办？

这是我在涂伯毅的引荐下，初次见到周全弟时他讲的话。实话实说，涂伯毅的面容让我看到了抗美援朝战争残酷的一面，周全弟的身躯和外形更让我震撼不已。他和涂伯毅住在同一栋楼，是楼上楼下的邻居。我第一次见到他是在四川省革命伤残军人休养院的院子里，他用已截肢的胳膊驾驶一辆特制的残疾人专用三轮车，坐在车子上熟练掌握方向，这一幕惊到了我们所有人。他上楼的时候我想伸手去帮他，但他示意不需要我们帮忙，自己握着带有链条的方向盘，走近后面带微笑和我们一行人打招呼。我当即让摄影师为我和周全弟、涂伯毅拍了一张合影。

直到今天回看那张照片，我仍有说不出的感动。他是如何负的伤？为什么截了四肢？我带着这些疑问，开始了对周全弟的采访。

1949 年 12 月，我在华东军区第一战区第三野战军，才 15 岁。

结束对涂伯毅的采访时，我还沉浸在他精神抖擞、豁达乐观的情绪之中，而周全弟的出现，把我的思绪一下又拉回到了朝鲜战场。

最让我感到惊讶的是，眼前这位四肢残缺的老战士，竟然还是著名的"抱笔书法家"。周全弟向我展示了一些书法作品，都是他自己创作的。我察觉到其中必然有一些传奇故事，于是赶紧架起机器，调试设备，准备采访。周全弟也为我们讲起他的故事。

1. 从"小幺儿"到志愿军战士

通过周老英雄的讲述，我逐渐了解了他的身世故事。

1934年6月，在四川省南部县的一个小山村，周全弟出生了。在他之上，家里还有哥哥、姐姐四人，周全弟排行老幺。山村里的生活十分清贫，当时父母只能供得起一个孩子上学。周全弟年纪最小，也最机灵，父母便把他送到私塾学习，希望通过读书改变家庭的命运。

但好景不长，国家动荡不安，百姓生活艰辛，周全弟父母希望他读书改变命运的希望破灭了。连年的战乱，加上国民党"抓壮丁"的野蛮行径，让周全弟不得不中断了学业。

> 我家里是三弟兄,我们家(那边)有个规定,就是说"三丁抽一"、"五丁抽二",我就是抽一。因为家里贫寒,我两个哥哥在外地打工,365天都在外面,只有我一个人在家里。就是国民党把我抓去,如果我不去,我就必须要拿钱去找他。拿钱的话,我们家里又拿不起。就这样子把我抓去的。

1949年刚过年，因为没有钱"赎身"，周全弟便被国民党抓了壮丁，当时的他还不满15岁。幸运的是，几个月后，国民党军队就在解放战争中溃败，而周全弟所在的部队被解放军收编，他也被正式被编入了解放军第三野战军第9兵团的第26军77师231团，成为一名光荣的解放军战士。

周全弟跟着部队在上海、江苏等地训练，不久他所在部队被派往山

东，进行了一周左右的爬山训练。那时候，周全弟还仅仅是一个不满 16
岁的小战士，并不明白部队训练方式为何突然变化。

我的愿望，就是说当一辈子兵再回去。

由于部队严格的保密纪律，直到 1950 年 11 月份他们跨过鸭绿江后，
周全弟和他的战友们才接到通知，他们的部队被编入了中国人民志愿军，
即将在朝鲜战场与美帝国主义作战。朝鲜半岛平原稀少，多狭窄的丘陵，
处处都是大大小小的山，这样的地形对于负重行军而言，体力要求巨大。
而之前的爬山训练，正是为了让他们提前适应这里的作战方式与地形。

回想起当晚过江的场景，周全弟还印象深刻。他对我们说，当时，战
火已经烧到边境，鸭绿江大桥一部分已经被炸毁，美帝国主义常把飞机派
到我国边境进行轰炸。到达安东（今丹东市）之后，周全弟发现眼前的景
象很惨：

当时过去鸭绿江的时候，我们要经过丹东。我们是晚上过去，
就是要经过辑安（今集安市）。当时就看到一片火海，这个居民房
子啊一片火海。天都是通亮的，不知道啥子情况，不晓得。我们
就过的鸭绿江，还不是经过鸭绿江的大桥，而是边桥。因为鸭绿
江的大桥，那都晓得一半是中国的，一半是朝鲜的。当时大桥已
经被飞机炸了，炸断了，我们就只好过边（桥），在大桥底下，到
那边桥，过鸭绿江。

周全弟说，在行军路上休息的时候，团长才明确告诉他们这次集结的

任务："想必大家都清楚的，我们此举是为了保家卫国，抗美援朝，而我们此次的作战任务，便是赶到长津湖一带的黄草岭阻击美海军陆战队第1师。"回忆起出征第一天，周全弟记忆清晰，脸上流露出坚毅的神情，让人感受到当年那个只有16岁的年轻战士写下保证书，抱着必死的决心走上战场的勇敢。

对于一个在南方长大的人而言，北方的严寒，是他难以想象而又必须克服的第一道难关。

> 我们的装备是在没有出发以前，在上海发的一套棉衣、棉裤。穿的鞋子是胶鞋，到了东北以后，还可以过，进了朝鲜就不能了，（气温）就是零下40度。

当时，由于行动紧急，第9兵团有将近一半的战士还穿着单薄的军装，抵达东北时，驻守中朝边境的解放军战士们看他们衣服单薄，就把自己的棉衣脱下来给他们换上，然而火车停靠补给的时间并不充足，第9兵团不是所有战士都换上了足够厚的冬装。包括周全弟在内的很多志愿军战士，仅凭着满腔的热血与保家卫国的精神，生生扛住了行军过程中零下几十摄氏度的严寒。

进入朝鲜之后，部队缺少粮食，一开始当地的老百姓和人民军还有一些土豆分给他们，后来连土豆都没有了。说到挨过的饿，周全弟这段话让我印象深刻：

> （土豆）开始能吃饱，最后就没得了，一直到战场都没得，只

有饿着肚子。但是呢，饿着肚子，每一个战士心情高兴。没有哪个说，我肚子饿了，或者说一些坏话呀，或者啥子，基本没有。我觉得每一个人是高高兴兴的。

在如此艰难的情况下，周全弟和战友们依然保持着乐观的心情和昂扬的斗志。我问老人家，为什么高兴呢？他回答我说：

> 为打仗嘛，想把这一仗打下来，我才好过嘛。是不是？我们才好过，是吧？

说到我们和美军相比落后的武器装备，周全弟说，他从来没害怕过。

> 我们从来不怕死，所以说中国人不怕死，（原因）在这里。反正你上了战场，你不打他，他要打你的嘛，那个子弹也没长眼睛。

说着说着，周全弟坚毅的目光里噙着泪水，感染了现场的所有人。为了抗美援朝，为了战争胜利后大家都能过上好日子，志愿军战士们早已忘记了生死。

2. 激烈的长津湖，光荣的"冰雕连"

长津湖位于朝鲜半岛东北部的高原上，是朝鲜半岛第二大人工湖，平均海拔 1300 多米，气候十分恶劣，最冷的时候甚至能达到零下四五十摄氏度。长津湖的名字因为电影被大家熟知，电影情节即是以抗美援朝第二次战役东线作战为原型。这不仅是一场冰火与鲜血的较量，同时也改变了周全弟的人生。

回忆起当时的细节，周全弟永生难忘，他对我说：

> 进到朝鲜以后，我们从北到南，走了好久，几天几夜。白天不能行军，晚上行军，上山几十公里，下山几十公里，就是这样子的。到了天亮以前，都要原地休息。因为美国鬼子的飞机一回起码十五六架，有些时候 10 架，有时 10 多架，擦着山坡飞。我们怕暴露目标，只有晚上行军。
>
> 去朝鲜，是到零下 40 度，不管你穿多厚都冷，天上还在落（雪），我们啥也没有，帐篷也没有，原地休息坐这儿，就是这样淋（雪）。
>
> 我们去的时候，下的雪差点就到膝盖这么厚。慢慢慢慢地它就更厚了，特别是到战场了，雪就更厚，是零下 40 度。

依靠着炒面和饼干，踩着和膝盖一样厚的积雪，周全弟的部队摸黑行军半个月，终于抵达了黄草岭。部队行军到黄草岭前，战士们已经没有任何干粮可以吃了，这时候应该怎么办呢？周全弟给我讲了一个感人的故事。看着大家忍冻挨饿，炊事员从身上拿出仅剩的一点辣椒面，但是光吃辣椒面，根本不顶饿，也没人能下得了口。于是周全弟便和其他战士一起想出一个办法，那就是把辣椒面倒在雪里，拌着雪水吃。即便是这样简陋的食物，每个人也只能分到一瓢。在这样的情形下，周全弟和他的战友们开始了在黄草岭的埋伏。

> 黄草岭战斗，我们是三天三夜阻击战，没有下达命令以前一律原地不能动，趴倒的。那个时候已经慢慢地不知道知觉了，手也没办法动了，有时候用雪来充饥解渴，都是用嘴巴到雪地上去舔一口，站不起来了，连解手都不能动了，只好尿在裤子里面。

回忆起在黄草岭上埋伏的场景，周全弟还历历在目。雪越下越大，美军反而派出越来越多的飞机，几乎是贴着山坡对地面进行侦察。周全弟和战友们没有办法，只能把本就不厚的棉衣和棉裤翻过来穿，冒着严寒躲避敌机。周全弟说，那个时候他也不害怕，一心一意就想着怎么完成隐蔽埋伏的任务。

> 走动的话暴露目标，因为敌人的飞机多，就是怕发现目标，整个部队受损失。不是一个小部队，而是一个营或是一个军。
>
> 棉衣里面的里子是白布，就是穿起棉裤，都是上面翻过来。趴到雪地上，它（美军飞机）基本上划不着，看不到了。

周全弟还说，当时不管什么领导，都和战士们穿着同样的军装，同样把棉衣翻过来，隐蔽自己。

> 连长、排长，到团上的干部领导，到师以上都这样。在战场上，特别带团的这些领导同志，我们一样穿的棉衣，一样趴在雪地上，同样把棉衣翻过来，和雪是一样。敌人的飞机飞再矮，它也发现不了，我们的目标就是部队不受损失。

战士们不仅需要隐藏自己，还需要一直紧绷心弦，保持作战状态，等待随时会响起的冲锋号令。

> 饿了，每天只有3个土豆充饥；渴了，就抓起身旁的雪往嘴里塞。
> 我在雪地上是三天三夜，第四天才开始攻击敌人。但第四天在冲锋的时候，我发现自己手脚毫无知觉，站不起来，用刀刺都没有痛感，看到我们一起的战友在冲锋，但是心慌的，想去，去不了，再爬也爬不了，动不了了。我们从来不怕死，我看到我这些战友冲上去，消灭敌人，打胜仗，我现在都还有遗憾，没有完成任务。

说到这里，周全弟的眼眶湿润了。

不仅仅是他无法动弹，当时还有许多战士已经冻死在战地上，几乎一个连都被极寒天气冻成了"冰雕"。周全弟继续回忆：

> 没啥想法，就想把这一仗打下来，结束了。既然我们就要胜利了，那高兴了就行了。

这次埋伏的效果显著，当志愿军战士们跟着冲锋号，抖掉身上的雪花，站起来冲向敌人的时候，美国海军陆战队第1师的士兵们陷入惊慌之中。第一波对美国军队的攻击很快就取得了胜利，志愿军将士返回阵地后，立刻开始搜救倒在雪地里没能站起来的战友。

> 打扫战场清查人数的时候，少了我一个，少了一个人，这样

到处找，第二次找才把我找到，之后抬到战地卫生队去包扎。剪开的，连裤子都是用剪刀剪烂，棉裤是剪烂，专门剪烂以后就是消毒，包扎以后马上把我转到东北野战医院。

经过检查，医生得出一个让人痛心的结论：周全弟的四肢已经被冻僵而坏死，必须尽快进行截肢手术，否则连性命都难以保住。

人命关天，周全弟仍然在昏迷，生命体征越来越微弱。医生没有办法再按照规定经其本人同意后进行截肢，只好当机立断为他进行手术。当时麻醉药缺乏，整场手术是用雪包着去做的，需要把双手从前臂处、双腿从大腿根部截除。手术以后，周全弟又昏迷了七天七夜。

我醒的时候不是自然醒的，我是做怪梦醒的。啥子怪梦啊？就是在朝鲜战场上拿飞机来炸我，躲这个地方要炸我，躲那个地方要炸我，随便躲哪个地方都要炸我，专门炸我一个人。这样子，呼一下就醒了。

到了东北野战医院以后，做手术怎么做的都不知道，醒了以后，那医生还不给你说（截肢了），最后护士才慢慢告诉我的。我把被子拿来把头部蒙住就哭啊，吃饭我都不吃。

周全弟说，当时医生还想为他保留右手，包扎上绷带后第二天发现右手都腐烂了。

连骨头都吊起来了，医生说没有办法了，只好用剪刀一刀剪掉。

那时候，这位年轻的小战士才16岁。面对完全被改变了的人生，对接下来生活的绝望，伴随着没能亲自扛枪杀敌、浴血冲锋的遗憾，成为一块块压在周全弟心头的石头。他曾几度产生过自杀的念头，都被身边的人救了回来。

　　我将来以后怎么办？到哪儿去？

3. 重拾希望"过三关"，从伤残军人到"抱笔书法家"

时隔多年，周全弟谈起当年手术后的样子时，并没有表现出任何痛苦，反而表现出一种宁静和淡然，还有就是对当时悉心照顾他，给他做思想工作的医护人员的万般感恩。周全弟对我说：

　　我全身的鲜血，都是医护人员给我的。

当时，医院院长和政委都尽心尽力做他的思想工作，频繁展开慰问，想让他重新拾起对生活的希望。

　　医院的院长、参谋长都来跟我谈话，今天这个政府官员来，明天那个院长来，有时参谋长来。

但周全弟依然想不通，还是以泪洗面，只要有人来探望，他就把自己埋进被子里。我问他，那后来是怎么走出来的呢？周全弟笑着回答我：

　　最后没办法了，院长找来苏联的无脚飞将军（的故事），他也失去了双腿嘛，治好以后重新安条假腿，重返战场，还到处去开飞机，这是一件事情；二是把保尔·柯察金（的故事）介绍给我。我跟你说，这两本书是护士坐在那里天天给我读，天天给我读。

按照周全弟的说法，东北野战医院非常上心，不仅安排人员进行 24 小时全天候陪护，还给他读《钢铁是怎样炼成的》《无脚飞将军》等精神昂扬的书籍，派文工团隔三岔五到他病床前演出。心理上的攻势如此强大，这对于一个有着家国情怀与斗争信念的年轻战士而言，效果显著。周全弟逐渐被感染，终于打消了轻生的念头，表示要坚持与伤残斗争到底。

这样子慢慢的加上自己斗争，加上周围的人来看我，才转过来，慢慢地转过来，不是一天两天，起码要半年几个月才（好转）过来。

听着他的忆述，我没有办法把他当作一位 85 岁高龄的老者，我看到的是那个从黄草岭上下来，失去四肢、濒临崩溃、人生迷茫的孩子。遇到危险，孩子总是想家的。于是我问他，受伤后有没有想起远在家乡的亲人？

我在东北，一个屋子住我们两个人。同屋住着不知道是哪个师的一个参谋，他也是重伤，他轻一些。他就问我，你还有爸妈没有啊？我说，有啊。他说，负伤以后，你给爸妈写信了吗？我说，没有哇。他说，你为啥不写？我说，我不想要他们知道。他说，咋不写呢？今天不知道，将来也要知道，你不如早告诉父母，比晚告诉父母好多了。我说，我找谁给我写啊？后来这个参谋给我写的，他给我写了五张（信纸），寄回去的。

在同病房战友的帮助之下，周全弟写信联系上了家里人。周全弟说他家里人收到信的时候，恰好是当年的腊月三十，家里人团聚在一起，只有周全弟不在。

全家人哭啊，腊月三十的饭都没吃，一起出来哭了。恰好又是土改时期，工作团的同志在我们家住。结果工作团就说，把这封信给我们看一看。

当时，土地改革正进行得如火如荼，土改工作团看完周全弟寄回家的信也深受感动，认为这就是周全弟家情况的最好说明。

周全弟对我说，后来因为自己不能回家尽孝，非常遗憾，只好每个月把国家发的工资寄一部分回去给父母，表示心意。

我这残废也不是为了我自己，我们是为了国家，为了人民，为了党的事业。

周全弟十分豁达，他要当中国的"保尔"，把抗美援朝的精神通过自己的生命传递下去。

经过康复治疗，周全弟回到四川老家，被安排住进了四川省革命伤残军人休养院。在这里，他可以得到悉心的照料。周全弟回忆起当时的情况说，虽然有人照顾，但他的生活还是十分困难，尤其是精神上的，生活不能自理带来的挫败感，让他觉得什么事都不方便。

战胜自理关、困难关、学习关，这是周全弟给自己的生活总结出的"三关"。

> 要战胜"三关"，你这个残废人就解脱了。第一关，穿衣吃饭、洗脸解手；第二关，如何克服困难；第三关，就是学习。要战胜这三关，这是我们的口号。

比如吃饭的问题。周全弟残疾后，一日三餐全靠护士喂。"哪有自己吃得舒服，冷了伤胃，烫了吐都吐不赢。"于是，他开始让护士用布条把勺子绑在自己的断肢上，自己舀饭吃。最开始，饭只能吃一半掉一半，而断肢绑紧了的话，导致血脉不流通，引起发痛；绑太松的话，勺子又要掉，吃一顿饭要一个小时。后来他用橡皮筋代替布带把勺子绑在断肢上吃饭，加上不断坚持训练，才终于克服了这一吃饭的问题。

从吃饭、穿衣，到洗脸、洗衣服、在三轮车上"走动"，周全弟克服了常人难以想象的困难，做到了生活自理。说到这些往事，周全弟颇为自豪，他想为国家减轻一些负担。

> 如果战胜了这三关，我们护工少用一些，去照顾那些重残、不能动的啊，为国家节省一部分，少请一个（护工），就是那么想的。

能够"走动"后，一开始，他还不愿意出门，怕别人笑话，后来也逐渐豁达了起来。

> 说实话，残废以后，街上我都不去，就在这屋里头，怕人家

笑。以后慢慢地才想通了，笑也好，走，出去耍去。随便他怎么笑，随便他怎么喊，随便他怎么说，都可以。

当我问到他为什么会培养出书法爱好时，周全弟笑得很开朗，为我讲述了一段往事。

周全弟祖上世代都是农民，过年的时候想写个春联都得找别人帮忙。当年父母一句"咱家必须出个文化人"，咬咬牙，凑了钱，把他送进了私塾，让他上了5年学。对于学文化、学知识的渴望，从那时起一直到部队里，都一直伴随着周全弟。对读书识字的渴求，不仅是在完成儿时父母寄托的期望，而且也是一部部鼓舞人心的文学作品振奋了他的精神。可以说，周全弟对学习文化的追求一直没有中断过，这也是他战胜自我的最后一关。

我对周全弟说，大家都夸赞您是"抱笔书法家"，周全弟很谦虚地回答：

> 哎呀，什么书法家，我们因为残废了，像好人（健全人）做一些顶天立地的事情，我们现在做不到的，是不是？做大事情我做不到，只能在力所能及的范围内来做一些事情，对党对人民有益的事。

周全弟曾把笔绑在断肢上，苦练书法，最终写出一手好字，感动了周围所有的人。他笑得很欣慰：

> 一个是解决了我往来的书信问题，第二方面（用这种行为）让现在的后一代教育孩子，让他们好好继承，书读出来以后，怎

样对国家，怎样对人民，确实是（第二个）目的，是理想。

听到这些话，我对周全弟更加敬佩。谈到感情生活，周全弟给我讲述了自己不一般的"英雄爱情故事"。

> 说真话，我没想到我要安家的，我一辈子就要单独生活，就在这个（休养院）里头。

当时，周全弟同病房战友的表哥、表姐来探望，了解了周全弟的情况，决定给他介绍一位女朋友。起初，周全弟还以为这是在开玩笑，严肃地告诉对方：

> 必须告诉女方真实情况，不能虚假。残废就是残废，没手就是没手，没脚就是没脚。介绍的时候你必须把我所有的情况谈谈清楚，我们才谈，不谈清楚不谈，我也不瞒哪一个，残废就是残废。

周全弟表示，自己当时对这件事没抱任何期望，知道了自己的真实情况，对方还会想和自己恋爱、成家吗？但令人惊喜的事情发生了，一位名叫曾凡顺的女同志还是给他寄来了信。周全弟笑着告诉我：

> 这个女同志，介绍以后她主动给我来了一封信，结果我回了她的信，我们整整耍（谈）了两年才办婚事。我们没见过面的，就是书信来往。

周全弟还说，自己与亲友通信是请人代笔写的，但如果是与女友通信，怎能让他人代笔呢？在这种情况下，本就对读书识字兴趣浓烈的周全弟立即开始刻苦练习，没有手，他就用断肢抱笔写，经过一年他终于可以写出一手像样的钢笔字了。而随着一次次书信往来，他和这位"笔友"的情谊也逐渐深厚。

1958 年，两人正式确定了恋爱关系，但他们的爱情并不被看好。

> 我在谈恋爱过程当中不是一帆风顺的，有些信被她妈妈接到了，看到了，就要和她抹喉吊颈，不同意的。她（对妈妈）扯谎说要来重庆治眼睛才来（找我），来了以后没回去了。

面对母亲的不理解，曾凡顺没有放弃，因为她已经坚定了要和这位抗美援朝英雄携手共度一生的想法。

在争取到女方家人的同意后，周全弟收获了美满的婚姻生活。在休养院的照顾和爱情的滋润下，周全弟生活和学习的难关逐渐渡过，写好钢笔字，便开始写毛笔字，并逐渐成为远近闻名的"抱笔书法家"。而他写得最多的字，就是那句响亮的应战口号："抗美援朝，保家卫国。"这是老战士对抗美援朝精神的最好诠释，是对牺牲战友的无限怀念。周全弟说：

> 我一些战友牺牲了，在我残废以后，能做到的事我一定去完成，来报答他们。请他们放心，请他们安息，我一定跟着党走。

说这番话的时候，他表情无比坚毅。

多年来，他一直和四川西充的一个战友保持电话联系，前些年还亲自去探望。

我们四川的志愿军，我只知道西充有一个。他双腿没了，手是好的。我去年请了一个礼拜假，去看了那个战友，住了一晚上回来。当时院里不同意我请假，怕我在路上出事故，我再三说才同意的，给我派来人，跟我一起过去的。

　　抗美援朝是正义的，打出了军威、国威，值得！我虽然残废了，但不后悔，如果每一个青年人都不参军，不去战场，那我们国家怎么办？人民怎么办？

说到这里，周全弟很激动。

　　我们不单是支援朝鲜，也是保护我们的国家。因为我们国家才解放，是一穷二白的，什么都没有。美国是因为我们当时的烂摊子，欺负我们。党和国家慢慢才富起来，到现在这么强大，能在世界上说上话，腰杆就硬了，不然我们还受他的侮辱、欺负。

采访过程中，周全弟一直面带微笑，精神抖擞，谈起抗美援朝的往事和如今祖国的强大，他不断地在空中挥舞断肢。他反复告诉我，自己的遗憾是没有坚持和战友们打下去。我告诉他，每一个志愿军战士都是值得后人尊敬的，您的伤残让我们了解到长津湖战役的残酷性，也明白了英雄的中国人民志愿军作出的牺牲。

在采访即将结束的时候，就在休养院中的四川荣军博物馆里，我请他书写一幅毛笔字"抗美援朝保家卫国"，向中国人民志愿军出国作战 70 周年致敬。周全弟二话没说，马上就写了出来，我们用视频记录了他饱含深情书写的一幕，这八个字的背后是周全弟和他的战友们用青春和热血镌刻的。后来这个视频被央视新闻等多家媒体传播转载，获得上亿的浏览量。现在，我已经装裱起来周全弟书写的"抗美援朝保家卫国"，挂在我的书桌前。

> 我绝不后悔。就算是残废了，也是光荣的，虽然没给国家争光，但是我值得。

> （抗美援朝）是正义的，不正义的话，我们要受人家打的，要受人家侮辱的。抗美援朝打一仗，把美帝国主义打得规规矩矩坐下来跟我们谈，是不是？是吧，你想嘛。

"我绝不后悔，我值得！"在采访的最后，周全弟不断强调。短短一句让我记忆深刻。他是令人心疼的，更是令人崇敬的！

后来我见到了电影《长津湖》导演徐克，我说："我采访过抗美援朝长津湖战役的亲历人物。"我给他看了周全弟书写的八个大字，以及与我的合影。徐克说："您拍的是真的，我们是艺术的升华，向老英雄们致敬。"随后我们共同为老战士干了一杯。

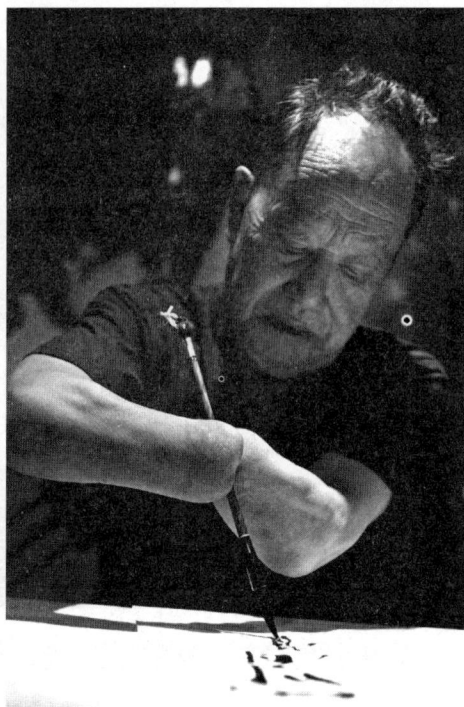

左 右

左　青年时期的周全弟

右　"抱笔书法家"周全弟

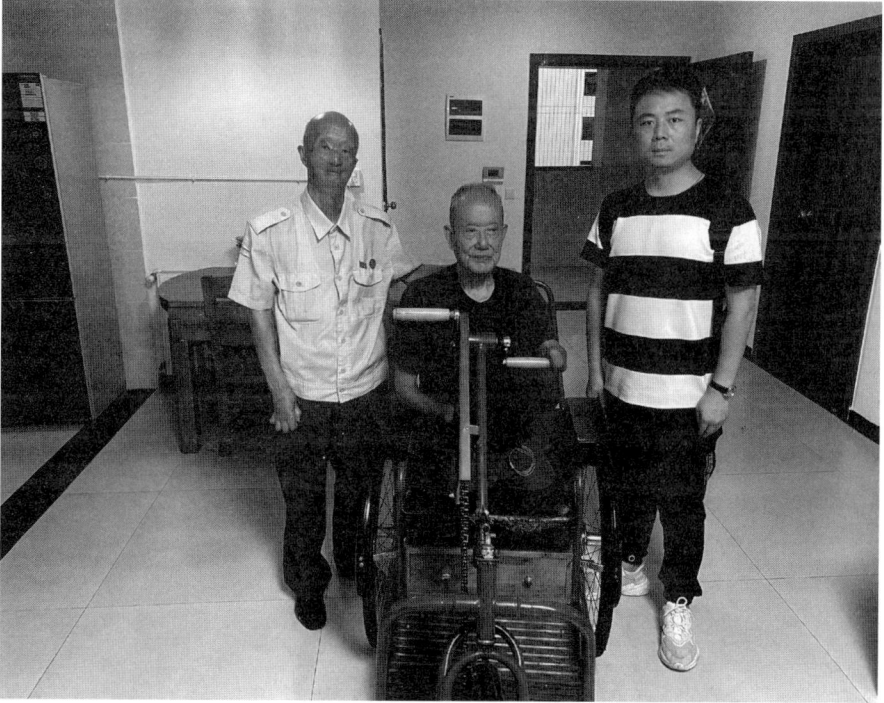

周全弟（中）、涂伯毅（左）与本书作者合影

八、"三八线"上与敌军飞机
"捉迷藏"，一等功臣

王仁山

王仁山在位于朝鲜的毛岸英墓前悼念烈士

为什么要拼了命往前线送物资？刚入朝时，我看见了美国飞机极端残忍的一面，就连一头在耕地的牛都不放过，太没人性了。

不怕死不怕苦，就是靠这个大无畏的精神。这是我们每个志愿军战士都应该做到的，不怕死也不怕苦。

这是一等功臣王仁山接受我们采访时说的一段话。90 多岁的他口齿清晰，精神矍铄，抗美援朝战争中，他是一位负责运输"粮草"的后勤战士。

"兵马未动，粮草先行"，是中国自古以来行军打仗的至理名言。抗美援朝战争的伟大胜利，也离不开后方人民勒紧裤腰带、生产备战的鼎力支持。而在朝鲜战场上，除了冲锋陷阵的战士，还有一个必不可少的兵种，为抗美援朝战争的胜利做出了巨大贡献，那便是汽车兵。他们开着载具穿梭在后方与战场之间，不仅肩负着安全运送战士转移阵地的责任，还要负责作战物资的供应。

王仁山就是这样一名汽车兵老战士，在抗美援朝战争中，他被编入汽车暂编 1 团。在战况激烈的前线日夜穿梭，在美军铺天盖地的轰炸与地毯式的搜索中，他想尽办法，不畏生死，在前线的保障弹药、供应粮食，以及运送伤员等方面做出了突出贡献，荣立一等功。

我和摄制组成员在北京市朝阳区一处幽静的小区展开对王仁山的采访。此时，王仁山已经 92 岁高龄。他身板挺拔，我刚一进门，他和他的家人已在等候。他穿着干净熨帖的军装，胸前佩戴耀眼的军功章，显示出不一般的经历。初步接触之后，我发现王仁山的思维仍然十分活跃，从精气神上察觉不到丝毫暮气。我和他简单沟通后，就开始正式采访，面对采访镜头，他有条不紊地讲述了自己的军旅生涯。

1．汽修学徒的"参军梦"

　　王仁山是浙江杭州人，1928年3月出生，在回忆参军经历时，并没有直入主题，而是先讲述了一段他小时候当学徒的故事。

　　　　我出身在旧社会，在战乱和颠沛流离中长大，生活很艰难。抗日战争爆发后，日寇打到了杭州。我那时候年纪还小，就跟着父母一起逃难，从浙江一路逃到广西、贵州，最后到了云南。在我13岁时，我们一家到了广西柳州。我的父亲就把我送到铁路系统下属的汽车修理厂当学徒，学汽车修理。

　　从小跟着父母颠沛流离、饱经战乱之苦的王仁山，小小年纪就被父母送去学汽车修理，父母希望他拥有一门手艺，能够在当时的乱世中谋得生存。然而，学徒之路并没有儿时的他想象中那么顺利。

　　　　俗话说，"教会徒弟，饿死师父"。在旧社会，师父都会藏私，不会一口气把本事都教给徒弟。我那时候在工厂学徒，还要挨师父的打，但我一直没有放弃学本事。

　　在当时，汽车驾驶、修理都属于紧缺职业。王仁山告诉我，后来他到了云南，在当地一个汽车修理厂，第一次独立完成修理有八个气缸的福特牌汽车发动机的任务，那时候他才十七八岁。提到这件让他骄傲不已的事，他满面笑容。王仁山回忆起当学徒那段时间的困难，他并不后悔自己的坚持。正是因为那时候扛住了重重压力，一边打杂一边自己琢磨技术，才有他后来参军入伍的机缘。

有一次，王仁山和工友们走在街上，被一位解放军同志叫住了。在得知他们是修理厂的人之后，便请他们帮忙修车。王仁山欣然答应，很快把一辆有故障的汽车修理好了。看见汽车成功发动，解放军同志便邀请王仁山帮着开车。从此，王仁山和人民军队结下了缘分。

1949年底，党中央发出"解放台湾、海南岛和西藏"的号召。而邀请王仁山帮忙开车的部队，即将登岛作战。

> 那时候，解放军准备渡海进攻海南岛。我就开着车拉着部队，离开南宁，向海边进发。其实，刚离开南宁时，我还没有特别高的觉悟，没有完全认识到解放军是一支解放人民、保卫祖国的正义之师。

在王仁山开车拉着这些战士去往前线的路上，解放军战士对当地人民群众的态度引起了他的注意。

> 我就发现我们部队的战士早晨起来会帮宿营地周围的群众打扫院子、挑水，我就感到解放军对人民很关心，军民是一条心的，所以我就萌生了参军的想法。

对解放军的向往，在他心里埋下了种子。他受尽苦楚才学来的汽车修理技术，很快也发挥了重要作用。之后，第四野战军汽车1团招考驾驶员，王仁山立刻报名参加，后来考上，成功入伍。

2. 不怕牺牲，力保钢铁运输线

讲到抗美援朝的经历时，即使时隔多年，他依然难掩心中对敌人的愤恨。

（我们）一定要很好地保障前方的供应，消灭敌人。

1950年10月，王仁山被编入汽车暂编1团，随着部队前往朝鲜。在战事激烈、道路极为曲折的朝鲜战场，对于极度依赖视野，也不便于隐蔽的汽车运输而言，作战难度比以往都大。敌人更是疯狂搜索志愿军的物资后勤线，排查的力度可谓掘地三尺。

王仁山回忆起美军的残酷和疯狂时，表情严肃。战况激烈的时候，美军甚至以战斗轰炸机昼夜不停地对地面进行超低空扫射，连一头牛都不放过。到了晚上，他们就会打照明弹，扫射轰炸我军的运输线。同时，特务还帮他们发信号弹，为其做目标指引。面对这样的情况，王仁山非但没有害怕，反而更加坚定了物资运输的决心。

你部队打到哪里，我物资就供应到哪里。就是尽一切力量，也要把物资源源不断地送到前方。

后勤线就是战场的生命线，是无数战友的生命线。王仁山非常明白这个道理，他和战友们想了各种办法来和美军"捉迷藏"。后来，为了尽量减少损失，王仁山和战友们就在夜间进行汽车运输工作，相比白天而言，确实减少了一些被发现的风险。在情况十万火急时，王仁山也只能不分昼夜在枪林弹雨中赶路，经历了好几次险境。

有一次（被）敌机发现了，敌机对着我这个车轮，一梭子弹就下来了。飞机上面下来一个什么东西，黑糊糊的。我正开车啊，歪脑袋一看，真是一个黑东西下来了，"嗡嗡嗡"下来。我一停车，那个燃烧弹就在我车后边，"砰"的一声就燃烧了。

危险近在咫尺，但王仁山对我说，他并没有因此害怕，而是一门心思全在运送物资上。

有一次是开车过一座山。刚上山时天还没有亮，我想等下山以后再伪装车辆也来得及。没想到正在下山途中时，远处天空已经发白，亮了，美军飞机很快就飞来，我就绕着山躲飞机。飞机朝我扫射，扔炸弹，我就开着车转向山的背面。等飞机绕到山后时，我就又躲到山的前面。周旋几次后，我开着车下了山。山脚下，防空哨兵早就在等着我了，马上引导我将汽车驶离公路，藏到旁边的树林中。

王仁山说，在战场上一位防空哨兵是他的老朋友，在这位老朋友的帮助下，他才能得以脱离险境，和美军飞机玩起"捉迷藏"。

还有一次，其实我这个车已经刷上了石灰，上面还盖了白布，伪装效果应该是不错的，但是那天晚上月亮太亮了，光线太好，公路上的两条车辙辘的印子十分明显。汽车在马路上一跑，美军飞机就发现了。当时我听到飞机声音了，感觉天空中有一个黑的铁块，呼啸着冲了过来。"咣当"一声响，一排子弹打在离车大概

4米左右的位置，我都能清楚地看见马路上"咚咚"蹦起来的沙土。我的助手对我大喊："赶快走，赶快走！"幸好又遇到我们汽车兵的好战友——防空哨兵，他带着我们将汽车开进了不远处的树林，又救了我一命。

这几次与美机的遭遇可以说十分危险，武装好的敌人就在身边，自己的性命随时危在旦夕。王仁山讲述遭遇的危险，神色如常，丝毫没有感觉到他有一丝惊慌，我想临危不惧就是志愿军战士的英雄本色。王仁山接着说：

> 你只要打不伤我，我就要跑，我就要运输，保证物资送上去。这就是所谓的"钢铁运输线"。好家伙，你飞机再炸，这条线永远往前面送物资。炸不断，炸不烂，打不烂的钢铁运输线！

钢铁运输线，是由王仁山这样的汽车兵钢铁般的意志筑就的，它比真正的钢铁还要坚固千倍万倍。说到这里，现场气氛庄重起来，我忍不住问他，为什么要拼了命往前线送物资？王仁山讲了几件让他印象深刻的事。

> 第一件事是，我有一次往回拉伤员的时候，有一个战士腿没了，要把他送往后方医院，但他就不愿意上车，他要报仇，不愿意下火线。
>
> 第二件事是，刚入朝时，我看见了美国飞机极端残忍的一面，就连一头在耕地的牛都不放过，太没人性了。

第三件事是，我们在上甘岭战斗的时候，每天要消耗一百多辆车的弹药，要保证送上去，所以那个时候心里就很着急，送的物资越多，前线战士就越能狠狠地消灭敌人。

抗美援朝，保家卫国，为战友、人民战斗的信念一直在王仁山的心里激荡，他早已将生死置之度外。

没有"怕"字，活着干，死了算。活着干就是，活着你一定要干好，千方百计把更多前方需要的物品送上去。即便你死了牺牲了，也没什么，我尽到责任了，无愧于志愿军战士（的称号）。

志愿军胜利靠什么，就是靠勇敢。不怕死不怕苦，就是靠这个大无畏的精神。这是我们每个志愿军战士都应该做到的，不怕死也不怕苦。

3. 重返朝鲜，纪念战友

1951年，作为志愿军归国观礼代表团的代表，王仁山受到党和国家领导人的接见，他前往各省向群众讲述抗美援朝的事迹，随后回到战场继续战斗，并在战场上荣立一等功。一直到1956年，他才回到祖国。

回国之后，王仁山在总后勤部工作了30多年。对于自己的英雄事迹，王仁山看得很淡，甚至都很少主动向别人提起，他有他自己的考虑。

我就是幸存者，没什么可炫耀的。比起那些真正的英雄，我差远了，不值得一提。

说这番话的时候，老英雄频频摇头，满眼的真诚与怀念，他一直无法忘记当年并肩作战，把生命留在朝鲜的战友们。

2010年，作为抗美援朝老战士访问团的一员，王仁山再次来到朝鲜，在那片曾经挥洒青春与热血的土地上，看望长眠在那里的战友们。

王仁山说，站在志愿军陵园墓碑前，看着一块块墓碑，看着一个个没能归来的战友，热泪盈眶。他说，他们才是真正的英雄。他特意站在毛岸英烈士的墓碑前合影留念。他说，我们伟大领袖毛主席的儿子都英勇地牺牲在朝鲜战场，而他能见到今天祖国的繁荣，已经很知足了。

现在的王仁山已经过上了四代同堂的幸福生活，他有三个女儿一个儿子，孩子们和老人感情很好。有亲情的陪伴，他过得很幸福。在日常生活中，他坚持锻炼身体，看新闻，了解国家大事，始终保持着一位老战士的风采。

在采访最后，王仁山对着我们敬了一个标准的军礼，很严肃地说：

要把祖国建设强大，只有祖国强大了，才能保证安全，不受侵略。不然的话，那家伙，那日子还是不好过的。

上
———
下

上　青年时期的王仁山

下　王仁山（前排左二）作为志愿军归国观礼代表团代表与战友合影

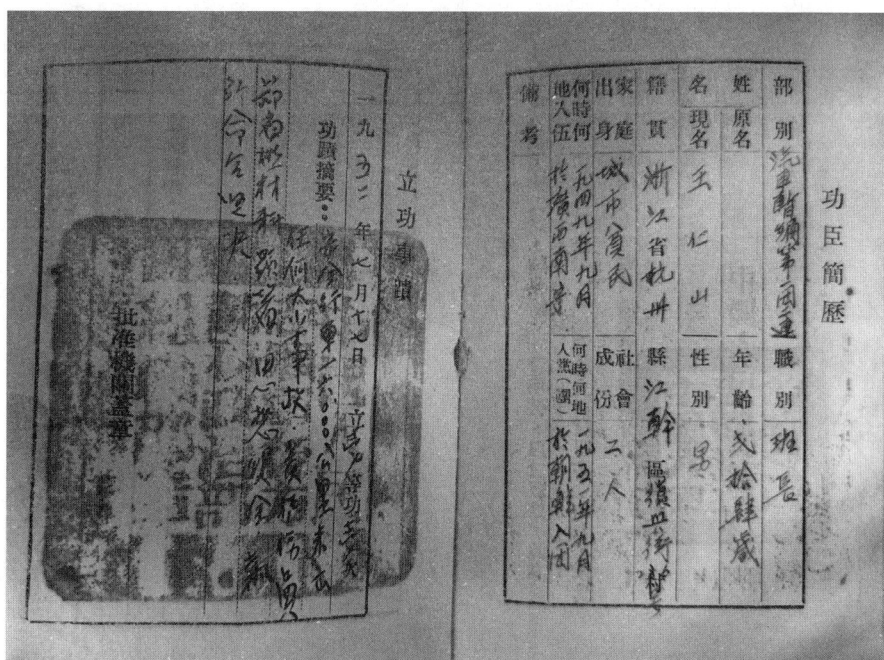

王仁山的立功证书（内页）

王仁山与本书作者合影

九、"万岁军"军需物资
运送者

冯占武

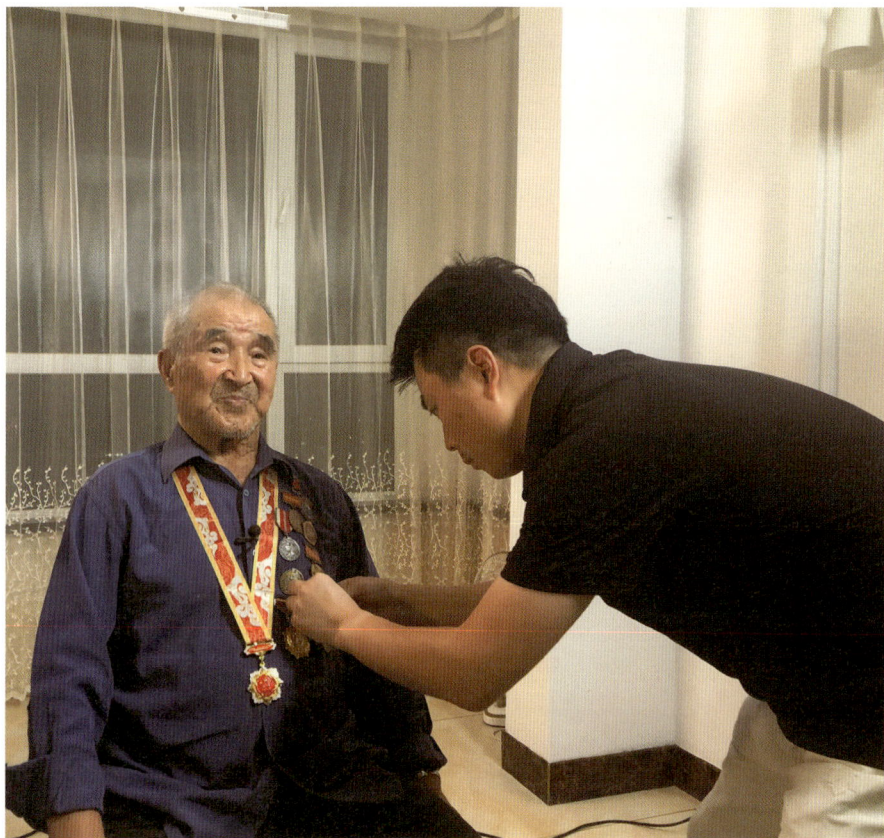

采访中本书作者为冯占武整理勋章

咱们祖国的粮食运不上来，俺们就没有吃的了，马和人都没有吃的了。

天空就下雪了，就顶着背包过河。过了河就冻了，走到这，"哗啦哗啦"穿甲似的，穿的棉裤外头都冻了，那个时间都不管那些。

这是在丹东采访冯占武时他说的一段话，采访地点是辽宁省丹东市宽甸满族自治县，他是我采访的这么多老战士里面，唯一一位来自第 38 军的。在朝鲜战场上，提起第 38 军，无人不知，无人不晓，这支部队还有一个更响亮的名字——"万岁军"。

第 38 军的前身是东北野战军第 1 纵队，是一支以中国工农红军为骨干发展起来的部队。该军骁勇善战，取得过无数次战役的胜利，有着"王牌中的王牌，主力中的主力"的美誉。时任军长梁兴初，是一名从红军时期走来的老将。这次抗美援朝出兵应战，党中央对他和第 38 军寄予了很大期望。

可是在他们以"万岁军"的名头享誉全军之前，因为在第一次战役中判断失误，贻误战机，梁兴初被彭德怀当场批为"鼠将"，这让第 38 军将士们心里憋着一口气。

1950 年 11 月下旬，抗美援朝第二次反击战役打响，根据西线"联合国军"的布署与进展，志愿军司令部决定，以第 38 军歼灭德川地区之南朝鲜第 7 师，以第 42 军歼灭宁远地区之南朝鲜第 8 师。由于战事紧要，考虑到敌人的实力，司令部决定由第 42 军协助第 38 军一起歼灭德川之敌。由于第一次战役中的失误，大家一直摩拳擦掌，等着打个翻身仗。于是，第 38 军主动请缨，保证独自拿下德川。

冯占武就是这次战役的参与者，他告诉我：

当时全军做战斗动员，憋着一口气，拼了老命也要完成任务。

第38军全体将士经过艰苦卓绝的战斗，不仅完成了任务，还配合其他部队，取得东西两线大捷，成功地把"联合国军"打回到"三八线"以南，为他们在第一次战役中的失利挽回了颜面。其中，第38军113师在接连战斗十几小时的极度疲劳下，在朝鲜北部山区急行军约72.5公里，按时到达核心要地三所里，把握了本次战斗的关键先机。战斗胜利后，彭德怀司令员高兴地发来亲笔贺信称：

> 此次战役……发挥了卅八军优良的战斗作风，尤以一一三师行动迅速……阻敌南逃北援……望克服困难，鼓起勇气，继续全歼被围之敌，并注意阻敌北援。特通令嘉奖，并祝你们继续胜利！中国人民志愿军万岁！卅八军万岁！

在此之前，还没有哪一支志愿军部队获得过"万岁军"这样高的荣誉称号，第38军一时间名声大噪。半个月后，当战报上报到中央军委时，12月18日，毛泽东主席又批示向军区（军）以上党委转发第38军作战经验总结。

第38军112师335团3连人员，在本次战役行进到松骨峰时，和美军展开了遭遇战，人员伤亡惨重，仅剩几个人的情况下，依然坚守阵地，抵挡美军5个多小时，未让寸步。著名军旅作家魏巍依据3连的英雄事迹，写成了战地通讯《谁是最可爱的人》，于1951年4月11日在《人民日报》上发表。从此，全体志愿军战士在祖国大江南北拥有了一个崇高的称号——最可爱的人。

经此一役，我军的士气得到极大鼓舞。也就是说在美军空军力量如此强大的背景之下，我们的志愿军凭借战略战术和昂扬的精神斗志，完全有实力取得作战的胜利，创造奇迹。而我通过这次采访，有机会近距离接触到第二次战役的亲历者、"万岁军"的老战士——冯占武。

1. "骡马炮兵"入朝作战

对冯占武的采访，由当地退役军人事务局的同志陪同我一起前往的，当时他已经 95 岁高龄。对于冯占武的精神和身体状况是否还能接受采访，我也有过担心，但当看见他精神抖擞地坐在那里，胸前挂满了闪亮的军功章，等待提问的时候，我发现我的顾虑是多余的。

在采访过程中，冯占武始终面带笑容，可以看出一名经历过战火洗礼的老战士的慈祥与平和。我从他的参军经历切入，聊到这一话题时，他来了精神。

> 我那个时候，当兵之前就分了土地，那个时候土改，改完了去当兵，那时就是要解放全中国，就是抱这么个态度去当的兵。

冯占武 1927 年出生于黑龙江。1948 年，他参加东北民主联军，被编入第 1 纵队，成为一名炮兵。后来，他参加了辽沈、平津战役，跟着中国共产党走，实现了解放全中国的理想。随着部队改编，第 1 纵队被编为第 38 军，冯占武也成为第 38 军炮兵 48 团 205 连的管理排长。

解放战争胜利之后，冯占武结束了在南方的军旅生活，回到北方。他说，那时候有的人去搞土地改革，有的人去了四川，而他选择了回东北参与生产。

俺们是骡马炮兵，回北上生产。当时生产主要做什么呢？三分之二去种地，三分之一上北（东北）省去搞这个采伐。那时候那个大森林都是原始森林。采伐干到9月份，半年了，木头都堆成山了似的。

回忆起当年的采伐开荒工作，冯占武的脸上满是骄傲。光是这段经历，他就给我说了两遍，足见在他心中的分量。刚成立的新中国百废待兴，急需各种工业、农业生产原料。刚从战场上下来，就参与到采伐开荒的大生产当中去，这是为全国人民做贡献、为新中国的建设做贡献的大好事，冯占武非常兴奋。

采访过程中，冯占武还反复提到"骡马炮兵"，这是当时中国军队的独特编制。新中国成立之初，军队现代化程度极度低下，工业制造能力也还没跟上，民族工业发展因为战火的摧残而陷入停滞。我们的武器装备极为落后，大部分是从国民党军和侵华日军手中缴获的，还有就是苏联援助的，几乎都不是自己生产的。不仅武器落后，运输和使用也是问题。枪有了，炮有了，怎么运输到战场上参加战斗也是问题。因此，才有了"骡马炮兵"。这是先辈们不畏客观条件的艰苦、创造条件坚持抗争的有力证明，用这样的武器装备抵御外敌，不懈追求国家解放、人民幸福，足见他们的不一般。

1949年10月1日，中国人民解放军山炮部队由骡马拖拽，参加分列式，接受党和人民的检阅。骡马炮兵方队只在阅兵式中出现了这一次，此后就随着我国军事力量的进步和工业化生产的发展成为历史。

而作为曾经的"骡马炮兵"的一员，冯占武比谁都明白搞生产的重要性。他回到北方之后，本来想要坚持在伐木场扎根，却突然收到新的战斗号令。

俺们这个完了以后就命令我们，就要打仗了。

1950年9月，冯占武接到部队通知，坐火车前往通化参加集中训练，准备北上出兵作战。从安稳的生产建设环境回到危险的战场上，冯占武丝毫没有犹豫，70多年过去了，当时的场景他仍历历在目。

（在通化）上政治课讲历史，（日本以前）占领台湾又占领朝鲜，完了又占领咱东北。14年啊，实际上占了东北14年了。当兵的都愤恨，非要打它去，咱要不去，就还得当亡国奴。美国走日本的老路，打完朝鲜就要占领中国。我们不去？咱们肯定要上。所以都是举着拳头，一定要打倒美帝国主义。

说到要应战抗敌，大家不仅仅是在课堂上情绪激动，而且在私下聊天交流时，也难掩对侵略者的愤恨。面对即将到来的侵略威胁，年轻的战士想起东北受奴役的历史，保家卫国的热血又沸腾了起来。

1950年10月，从通化到辑安（集安），再跨过鸭绿江，全靠步行，冯占武跟着部队摸黑入了朝。由于本次行动的机密性，作为首批入朝作战的部队，只能趁着夜色前行。他回忆起入朝当天的细节：

> 黑天去，白天不敢走，晚上就过去。
>
> 俺们都是骡马炮兵，就搁那个浮桥上，也挺危险的。那个浮桥就是骡马炮兵过去，大伙都感觉很惊讶，这桥弄得挺结实，俺们过去那个时间，那浮桥打得挺好。

1950 年，美军对我国通往朝鲜的要道进行了轰炸、破坏，战火直接烧到我国东北，帝国主义的狼子野心昭然若揭。

> 俺们进去以后，他就把咱们的桥给炸了。咱们这个火车不是也通过朝鲜吗，就把咱们这轱辘道炸了。汽车也能通过朝鲜，就把桥都炸断了，连丹东那个桥都炸断了。美帝国主义就怕咱们去。

冯占武心里很明白，如果志愿军不能帮助保卫朝鲜，美国可能就会打到东北来，到时候就又要走亡国的老路。他沉重地对我说：

> 咱们不去帮它，就要打咱们东北了。

2. 不顾生死运送物资、保障供应

入朝以后，1950 年 11 月，冯占武成为中国人民志愿军第 38 军炮兵46 团 2 营 5 连的管理排长，全连"人吃马喂"的任务都落到了他的肩上。同年 11 月底到 12 月，随着战局变化，志愿军抵近"三八线"，补给线拉长，部队粮食供应愈发紧张。

在当时恶劣的条件和美军的持续轰炸下，物资的供应很成问题。我国到朝鲜的运输要道屡次被炸毁，这就导致粮食无法及时到达战场，给战士们找粮食成为冯占武面临的首要问题。

咱们祖国的粮食运不上来，俺们就没有吃的了，马和人都没有吃的了。朝鲜都被炸平了，老百姓都没有了，老百姓的堡子都没有了。俺们就怎么找呢？在那个地下"咚咚咚"搁木棍儿捣，看哪儿有动静，在房窠里头，俺们弄出一缸大米。

吃的是找到了，但人民军队的"三大纪律，八项注意"是铁律，是绝对不能违反的。即便是面对已经被炸平的朝鲜群众的房子，又是战事吃紧的特殊时期，冯占武也毫不迟疑，依然保持着志愿军的优良作风。

缸拿完了还给他盖上，打上条子就写上，俺们都带着纸条，盖的公戳，写上哪个部队，撂个纸条，把那个缸再给封上，完了以后他们拿俺们的纸条找供应站就可以给他钱了。

在崎岖的山路上，如何冒着被美军轰炸的风险运输物资，这是冯占武要解决的第二个问题。有一次冯占武背着粮食赶路，在一个火车道口遭遇了敌机的袭击。

敌机来了，俺们就不敢动弹了，就趴在那儿了。就赶上那个巧，飞弹离我这儿也就五六米远，我趴壕沟边上了。"噗噜"，三四个（炸弹），（弹坑）直径有十来米那么宽。一个炸弹就把我埋在里头了，我起来的时间，脊梁骨那儿棉袄都打了个口子，我没伤着。它这个炸弹一打，翻过来，底下都是水了，多大呀那个炮弹，挺大。

1950年12月，第38军打到"三八线"，随着战况日趋激烈，除了运送粮食物资，"骡马炮兵"就担起了运输炮弹装备的任务。

马都得拽着牵着，有时候两个人架着，一面架一个。那个炮弹八个马拉的，一个人管两个马，四个炮手，四个驭手。38野炮的炮弹这么老长，上百枚，一百来个箱子，一个箱子有装八个的，有小箱子装四个的。一个车都拉百八十个。至少三个车拉炮弹，3门炮，一个连就3门炮。

冯占武详细地给我描述了当时"骡马炮兵"运送炮弹的场景。说起这个场景，他精神抖擞，不时用手比划着记忆中的炮弹大小。一匹马、一头骡，在那个特殊的年代，就是最实用的运输工具。

俺们起早就去了，4点来钟，必须把炮弹送上去，主要是这个时间敌人还把道路都封住了。我们把炮弹一批批地往上送，打一阵炮，就送上一批。打一咕噜炮弹，就停一气儿，俺们就赶快过去，跑了三次。就是在这个时间，我们人炮都没有伤亡。

冯占武还向我讲起第二次战役时，自己改装敌人炮弹装备的故事，充满了自豪。

俺们还打过"三八线"，俺们打的汉江守备战，第二次战役咱们把美国都打败了，得他们老多东西了。打"三八线"的时候，俺们去的是 38 野炮。当时炮都打红了，炮弹也打光了，炮也拉不开栓了，就都扔了。完了以后第二次战役捡的美国的炮，俺们就改装，在当地就改装，用美国的榴弹炮。

我问起"万岁军"名称的来历，冯占武笑得很骄傲，哪怕是面对武器装备再精良的美军，冯占武丝毫也没有惧色。

就是打不垮。朝鲜人民知道这个军打得厉害，就叫"万岁军"。

俺们打了第二次战役，在朝鲜打个美国，第二次战役把美国那个兵都打垮了，还怕什么呢？都不怕了。

由于冯占武在"三八线"上的突出表现，及时供应连队的粮食和物资，不畏艰险、不惧生死，被记功 1 次。

据冯占武回忆，1953 年 4 月，他在西海岸防修筑工事，在割木头的时候被敌机投下的燃烧弹烧伤，负伤回国。

那个时候，傍黑前，俺们割木头，在树林里头。飞机来了，"噗噜噗噜"、"呼隆"一个燃烧弹就把我烧了，先烧下侧，完了烧着了，"噗噜"就把这一半身都烧了。越扑搂火越多，不敢扑搂了，后来就把棉衣都脱了，衣服都烧着了，烧烫了，特别是上身胳膊这一半。反正俺们这几个人里，有被烧得厉害的，有烧脸的，也有烧腿的。

这个胳膊，那个手这一块，都伤着了，起泡了，烧伤了。五六天我就不行了，身体完了，就把我弄回国了。

回国后，冯占武在粮食系统工作，直到退休。接受采访时，他虽然思维还很敏捷清晰，情绪也非常饱满，但记忆力已经不是很好了。然而一提到抗美援朝的经历，他便能跟着熟悉的旋律一起唱两句。

> 雄赳赳，气昂昂，跨过鸭绿江。
> 保和平，卫祖国，就是保家乡
> ……

在采访的最后，我为冯占武整理了衣服上的勋章，然后和他共同唱起《中国人民志愿军战歌》。唱着唱着，他的眼眶开始湿润，说自己词记不太准了，然后又笑着对我说：

> 谢谢你们还能记得我，采访我，我没什么功劳，请你们多写写那些逝去的战友吧，他们才是最应该被赞扬的人。

这位第38军的老战士，给我感觉是一直很慈祥，笑眯眯的。我告诉他：

> 逝去的英雄我们肯定要永远铭记，但对于您这样健在的战斗英雄，我们更要好好地记录，以留给后人，中国人民志愿军的每一位老战士都是祖国的功臣。

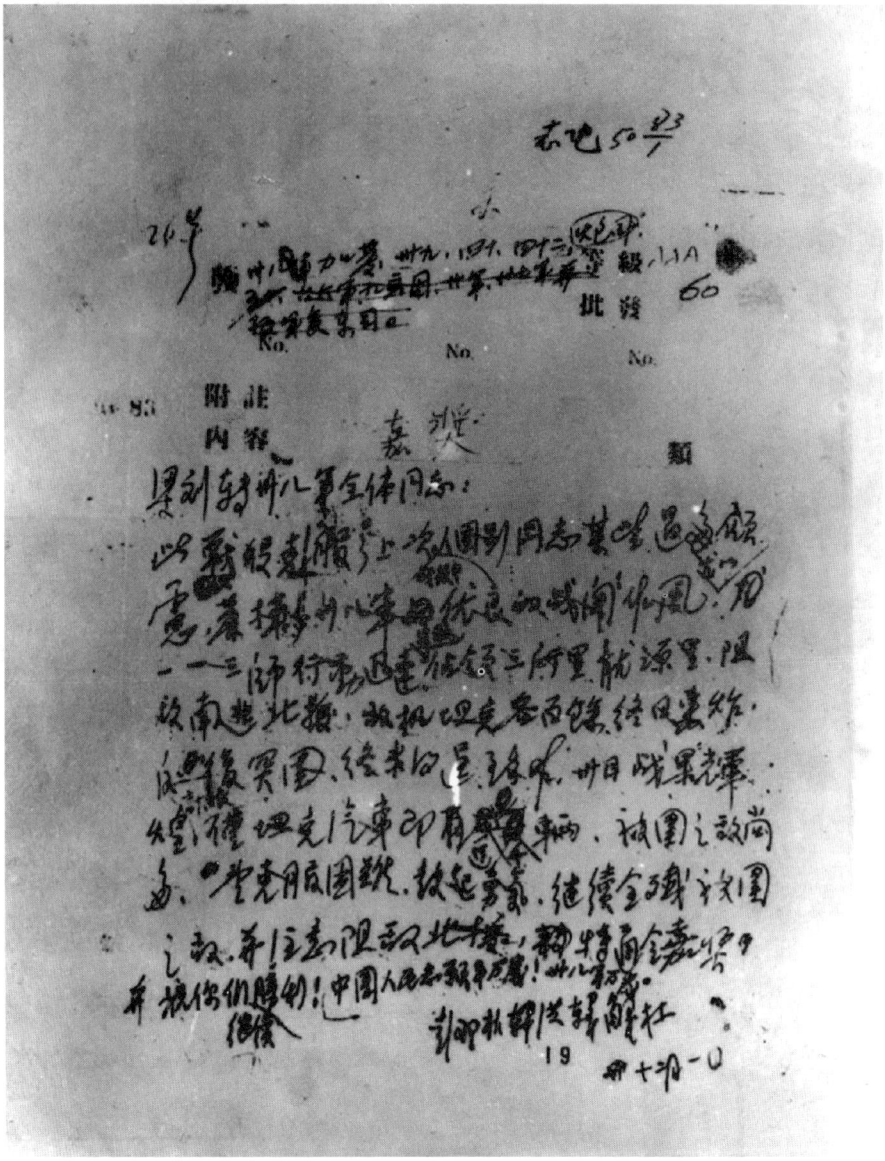

彭德怀嘉奖第 38 军的电文

冯占武向镜头挥手致意

十、孤胆守高地，掩护
部队转移

杨树柏

杨树柏眼神坚毅（采访时拍摄下的珍贵一刻）

就算扑上来再多再凶猛的敌人，我也要拼尽全力打退他们，绝不能让他们轻易占领高地。

我一下一下这样向后转移，带着伤号下山，这就交给后边部队。只要你活，他就得活，就不能放下（战友），这是当兵的主要责任。我们中国人民解放军，抗美援朝不怕牺牲，为我们祖国效劳一辈子，为人民服务。

"横城阻击战中德高山战斗时自己一人曾掩护全排安全转移"。这是写在杨树柏立功证上的一句话。看似简单的一行字，高度概括了他在朝鲜战场上出生入死的凶险战斗，也让我十分期待这背后的故事。

我和摄制组成员自驾前往天津采访杨树柏。第一眼见到杨树柏时，见他体形消瘦，我有点担心能否完成采访。聊天时我发现，杨树柏只是看着消瘦，除了听力不太好、记忆力有所减退，声音依然洪亮，身体还比较硬朗，精神也比较好。杨树柏听说要接受采访，便换上了自己的军装，把军功章都佩戴好。此时的他已经95岁高龄。

1. 起义入伍，决心跟党走

1925 年，杨树柏在天津出生。1948 年 11 月，辽沈战役顺利结束，东北全境解放。不久东北野战军主力入关，包围天津、唐山、塘沽，在包围态势下继续休整，以防止国民党军队南撤。

此时的杨树柏正在张家口，当时他还在国民党的部队。杨树柏目睹了国民党军官如何残暴地对待下层军人，尤其是逃兵：

> 到张家口，我就反应过来。国民党的部队，拿这么一个柳条子，

把人的屁股蛋打这么高，都流黑血啊，还打呢，一看不行了，这才不打。第二次再跑，哎！脑袋下去了，就那么（回）事。

在一支旧官僚风气盛行，还使劲搜刮民脂民膏的队伍里，底层士兵的生活并不好过，何况还有很数人是被"抓壮丁"入的伍，他们早就受够了封建官僚压迫的苦。曾获普利策新闻奖的美国著名记者白修德在《中国的惊雷》一书中痛斥国民党反动派的旧军队："中国军官们对待士兵好像对待畜生。"而当时，解放军战士高昂的士气和良好的精神面貌，加上严格的军规纪律，让杨树柏十分向往，也看到了希望。

解放过来，我这才拿两个队伍比，我说你（国民党）迟早要吃了我。谁跟你信，不干了。我解放我的，我就加入中国共产党。

杨树柏毅然起义，加入解放军，成为解放军第66军的一员，投身至解放战争的洪流。在第66军，杨树柏对于当兵的认识得到了提高，也逐渐建立起自己的精神信仰。回忆这一段历史，杨树柏语气非常坚定：

我是一个中国人啊，国家有难，必须我得带头，我决心要跟着共产党服务到底。

对杨树柏的经历，《心路沧桑：从国民党六十军到共产党五十军》里的一段话，或许能揭示出这背后的关键所在：

在中国革命的战场上，中国共产党需要的，不是炮灰，不是打手，更不是奴才，是有人格尊严并懂得为劳苦大众权利也为自身权利奋斗的自觉战士。国民党军没有，也培养不出来这样的战士。"将贵智，兵贵愚"是数千年来华夏神州滚滚烽火中通行的治军带兵古训，继承了这一封建传统的国民党军队只能培养出人格扭曲、奴性十足、权利意识荡然无存的战争机器。

2. 入朝作战，掩护部队转移

1950年10月，杨树柏随所在的部队，作为第一支入朝的"中央卫成部队"，投入到抗美援朝战争中。说到自己作为第一批入朝作战的战士，杨树柏脸上写满了骄傲：

> 我们的部队是第66军197师591团，我们这是头一批的，因为它（是）保护中央的部队，杨成武的部队，所以哪儿有情况，直接去。

杨树柏所在的197师，是第66军的主力师。接到抗美援朝的号令后，杨树柏从天津坐上了开往安东（今丹东市）的火车。

> 我们这两个师到朝鲜，在杨村车站，天津市北边有个杨村，打那儿上火车直接就去了。

抵达朝鲜之后，杨树柏跟随部队，很快投入到激烈的战斗中，参加了横城反击战。

横城反击战是入朝作战的第四次战役。1951 年 2 月 11 日至 13 日，第 66 军主力不断急进转移，以切断敌人后路。

正是在这次横城反击战中，杨树柏创造了一人掩护大部队安全转移的传奇。杨树柏向我讲述了他掩护队伍、抢救伤员的故事。

在德高山那块，我们是掩护部队转移，往后撤。彭总传达命令，我们就撤到德高山，在那儿和美国作战。

敌人打我们，哎呀，我当时拿苏联那个铁铳枪，这家伙，"哇哇哇"一溜打手榴弹，敌人没上来。我们就撤了啊，来个大转移。敌人就猛攻，我们拿机枪就开始冲，这就打了一半天了。

当时，杨树柏所在连队抢占了德高山的一处高地，居高临下阻击敌人。连队完成阻击任务后，按照命令撤退。撤退时杨树柏所在排留了下来，受命坚守阵地，掩护连队撤离。但随着敌人的持续攻击，加上武器装备的巨大差距，这个本就艰难的任务变得更加艰难且危险。战斗中杨树柏突然感觉到脸上有什么冰凉的东西，伸手一摸，才发现自己被弹片擦伤了。

我用手一摸，湿的，是血流出来了，这才开始觉得疼了。

杨树柏环顾四周，发现战友们全都倒下牺牲了，整个战场只剩下他一个人。他回忆道，看见曾经要好的战友们全都倒在了自己身旁，心情十分悲痛。他强忍悲痛给倒下的战友们撒上黄土，表示入土为安。这时，敌人的进攻并没有结束。杨树柏咬咬牙，明白自己身上还担负着掩护大部队转移的重大责任。

就剩下我一个人，两箱手榴弹和几杆枪，我算了下时间，至少要顶到傍晚，那会儿大部队就安全了。

一人坚守阵地，和实力差距悬殊的美军作战，杨树柏对我说他不怕。

不怕，那时候不能怕了，怕也不行啊，拼命地干了就是。不害怕，枪一响，自个儿心里头就稳住了，怕也不行，就狠狠地揍。

由于敌众我寡，眼看着敌人就要发现部队的转移策略，杨树柏想出了一个好办法：

和敌人战斗，要讲勇猛，也要动脑子。

杨树柏把两箱手榴弹和几杆枪，分别摆放在不同的位置。只要敌人火力一开，他就不断变换位置反击，扰敌视听，给敌人造成大部队还在的假象。

拖延时间成功后，杨树柏准备撤离追赶大部队，敌人的火力还没有停止，继续进行轰炸。"美国打我，那时候（我就）紧急卧倒在山上。"这时候，路边一个声音引起了他的注意。

杨树柏回忆说，精神高度紧张的状态下，突然听到人的声音，他着实吓了一跳。

我赶紧端着枪找，原来是一个伤员，他躲在一块大石头后面，我们来朝鲜时候都学了几句朝鲜话，我就用朝鲜话问他，结果发现是战友，中国人！

杨树柏没有任何犹豫，决心要把战友一起带走撤离。说起救下伤员的故事，杨树柏的记忆还十分清晰，给我们描述了很多细节。

　　　　在山上一步一步走着，他就挂花（受伤）了，一膝盖给打掉了，这个（膝盖）还连着呢。我就给他绑（包扎），就耽误时间了。绑好了以后，我对他说，你扶着我，挎着我。哎，我们一步一步挪着，瞅着那木棍挪着。"搂住了啊"，一下一下就这样，然后转移，天黑了。

　　杨树柏说，那位伤员要杨树柏先行撤离，放弃他。

　　　　当时他怕拖累我，说你别管我，就给我一枪，我不受罪了，你赶紧走。我说，我也不知道你是哪个连队的，但我们都是中国人，我不会抛下你的。

　　在如此紧急的情况下，随时都面临着被美军轰炸袭击的危险，杨树柏作为全排活下来的最后一个人，坚持要救下负伤的战友。

　　　　不知他叫嘛，没人管，我只知道是咱们自己人，我打算撤下，他就也得撤下。

　　杨树柏一口多年来不变的天津口音，说着最淳朴、最动人的故事。说完，杨树柏还乐呵呵地笑了起来。在他的笑容里，我看见的是一位老战士最纯真的爱国热忱，对同胞最淳朴热烈的爱。

　　救人的过程并不顺利，下山下到一半，他们突然被一架敌机发现了。

飞机就从高处俯冲下来，用机枪扫射，还扔炸弹。我一看，旁边有条河。本来天气冷，河已经冻上了，正好炸弹给炸开了，我们就跳里面了，藏水里。

那是在 2 月，杨树柏扶着伤员躲在刺骨的河水里，一动也不敢动。

到岸上后，太冷了，我们一个劲地哆嗦，衣服都冻硬了。我还好，伤员不行，他搂着我，求我给他一枪，他不想受罪了。我说那不行，咱们要坚持，国家还需要我们，坚持才能取得胜利。

下山之后，杨树柏考虑到重伤的战友必须要尽快得到救治，就找到当地的老百姓，借了一头牛，让老百姓帮忙把伤员驮去后方。

时间长了，伤员怕步行，我就借个老牛。在朝鲜，跟他一说朝鲜话，他马上就给借走了。我们在那犄角旮旯找的老百姓。

把伤员交给老乡后，杨树柏继续朝前跑，去追自己的大部队。走到有电话的地方，他把送伤员的情况作了汇报，得到后方部队的肯定。历经千辛万苦，杨树柏一路躲避敌人的追击，终于找到自己的大部队。

部队那会儿都以为我牺牲了，没想到我不但活着回来，还救回 1 个伤员，带回 4 杆枪，都特别高兴。因为这，给我记了"大功"。

杨树柏一人掩护部队转移、救送伤员的事迹，被战友们知道后，都把他称为"孤胆英雄"。我问杨树柏当时的心情，他乐呵呵地笑了：

不贪那个（名誉），不成。哈哈哈，我们当兵是应尽责任，尽国家重任的。

我为什么不救他？他是我们中国的啊，部队有道德，活着，你就得救。我就带他下来了，这是部队的责任，是我当兵的责任。部队重视的就是这个，我就是有决心，才把他救下来。

3. 转业回家支援农村，困难自己扛

不图名利，一心只想着为国家、为人民做贡献、担责任，这是杨树柏的人生理念，绝不只是一句口号。

复员转业后，杨树柏进入天津市和平区饮食公司工作。但令所有人惊讶的是，后来已经当上公司经理的他，为了响应国家支援农村的号召，又选择回到农村当了一名普通的农民。

杨树柏在朝鲜落下了风湿病根，肺部也受了伤。杨树柏的儿子杨立生说："回乡前我父亲的工资已经很高了。他这一回来，自然就舍弃了高工资，转年又赶上自然灾害，一家人饭都吃不上。我父亲一生都在为集体着想，为他人着想"。"我的棉衣都是捡哥哥、姐姐穿小的，可有一年我连旧棉衣都没有，因为父亲把家里的棉衣送给了邻居家的孩子。我当时听到了父亲和母亲的对话，他说这个孩子只有单衣，而且他父亲也是军人。咱孩子的棉衣虽然破，补一补接一接还能穿。"

家里再困难，他也不向组织提任何要求。后来年纪大了，他就在村里的小学当门卫，在战场上荣获的军功章也被他收进了柜子里，甚至都很少

拿出来给孩子们看。

杨立生讲："抗美援朝回来，我父亲大病一场，虽然当时是治好了，但落下了病根，经常咳血。后来他岁数大了身体也不好，就在小学当门卫，每天负责敲铃。学校里的孩子、老师挺多，但谁也不知道这个看门的大爷是抗美援朝的战斗英雄。"

杨树柏的孙子杨勇是一名刚退伍的军人。杨勇说："爷爷每次看关于抗美援朝的影视剧，总会默默流泪，说想念牺牲的战友"。"他说活下来就是幸福，不能再给组织添麻烦。"

当我问起其他战友时，全程一直乐呵呵笑着的杨树柏脸色突然变得很凝重，声音也开始颤抖，哽咽起来。一个老战士再次在我们的镜头前流下了两行热泪。

回不来了，你（他）现在，还在那儿啊！

大概沉默了一分钟，杨树柏的眼神不再看着我或者是摄像机，而是飘向远方，似乎又回到了那段他年轻时的峥嵘岁月。我想，在这一刻，他们的精神一定是团聚了。

正如杨树柏说的，战友们还在那儿。青山处处埋忠骨，无数志愿军战士把年轻鲜活的生命留在了朝鲜，留给我们的除了无尽的缅怀，还有立国之战带来的和平，以及他们保家卫国不怕牺牲的精神。

采访最后，杨树柏说：

美国侵略朝鲜的时候，美国尽抢石油。咱这边石油，它怎么不抢？它的兵、航空母舰都在日本的东北角那儿扎着，为什么它来那么快？国家一公布消息，美国兵、航空母舰，进朝鲜多近呢，不远。我们要翻身解放，必须要打败美帝国主义的野心，抗美援朝，保家卫国的。

为人民服务嘛，我们革命军人一不怕苦，二不怕死，为了祖国为了人民，我们中国人民志愿军抗美援朝不怕牺牲。当一个军人，就为我们祖国效劳一辈子，为了人民解放。

杨树柏说完这番话的这个镜头，后来成为当年重大题材纪录片的经典画面，我也一直关注着他的身体状况。遗憾的是，2021年5月9日，杨树柏带着一生的光辉与荣耀永远地离开了我们。

上　青年时期的杨树柏

下　杨树柏的立功奖状

杨树柏凝视勋章（杨博 摄）

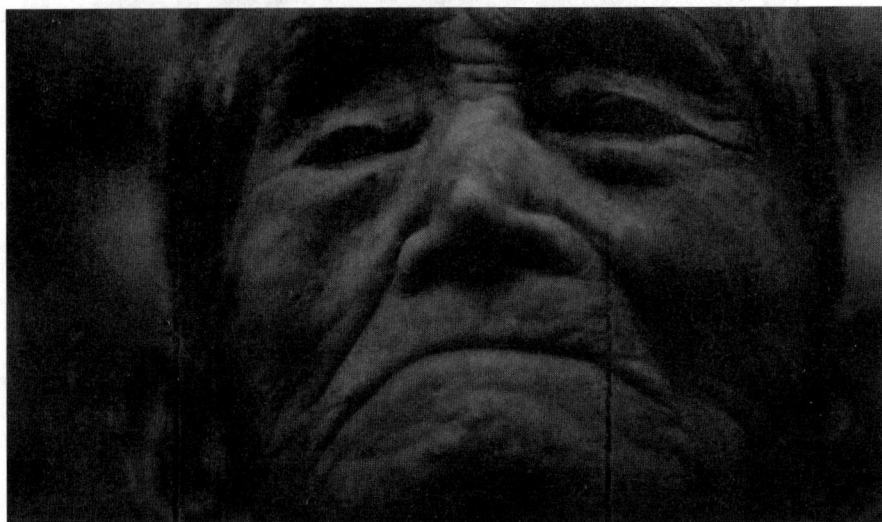

镜头中的杨树柏，成为重大题材纪录片珍贵画面

十一、朝鲜战场勇救排长的

通信兵

尚兆禄

尚兆禄在家中接受本书作者采访

毛主席号召"抗美援朝，保家卫国"，那时候也不在乎生死，出国就出国。

就是说咱们现在就三个人（路），一个是，借着最后抗战胜利咱们回国。第二条路呢，就是负伤，有病，回中国。第三条路就是留，留在朝鲜。你说咱们怎么办，看谁走哪条路。

采访尚兆禄，是在辽宁省丹东市宽甸满族自治县青山沟镇青山湖村，我们一行人走进大门的时候，尚兆禄已经拄着拐杖在门口等候。进门后，趁摄像师开始布置采访场地，我和他聊起了抗美援朝的经历。

对尚兆禄的采访是在他家里进行的。说实话，尚兆禄的家给我第一印象是太简单，甚至可以用简陋来形容。但我能感受到，尚兆禄对这些并不是很在意，甚至我感觉到他住在这里很踏实。

9月份的丹东已经很凉爽了，我们二人就这样在院子里聊了起来。他的口音方言很重，但通过他的忆述，让我知道这位老战士的不简单。他不仅仅是抗美援朝的老战士，更是一位参加了解放战争的老兵。1947年1月，反抗地主压迫的尚兆禄在老家参军入伍，成为一名光荣的解放军战士。他先后参加辽沈战役、平津战役。1950年，他加入中国人民志愿军，参加抗美援朝战争。

1. 响应号召，出国作战

尚兆禄一直拄拐，他腿上的伤就是在抗美援朝战场上落下的，随着年龄增大，腿脚也更为不便。但是老人家的精神头却很好，虽然已经92岁高龄，但依然保持着军人风采，说话中气十足。

我叫尚兆禄,第42军126师376团7连(战士)。

尚兆禄说他是1947年1月1日参军的,解放战争胜利结束后,他随部队前往黑龙江参与大生产。说起为什么不复员回家,去过安稳生活,他说:

那是毛主席号召叫大生产呢,解决粮食问题,到黑龙江种小麦。我是那么想的,咱们到年龄就回去,不到年龄不能回去。

1950年,第42军接到命令,停止生产,赶往通化进行集中整训,为抗美援朝做准备。到了通化之后,尚兆禄才知道朝鲜的局势是如此紧张。

多少国登陆要侵略朝鲜,担心啊,毛主席号召"抗美援朝,保家卫国",那时候也不在乎生死,出国就出国。不是说出去(会怎么样)害怕,没有过。但也考虑说,说美国这个厉害那个厉害,也不想这样(的事),说出国了就走。

对于家乡人积极参战、支援朝鲜的举动,尚兆禄竖起了大拇指。回忆起自己入朝作战时的场景,尚兆禄说:

宽甸人起码去了一个师,看人家都去,我也得去,哪能不去?
我从辑安(今集安)过的江,第42军126师师长姓胡,叫胡继成。

2. 勇救排长的经历

　　我救过俺们排长，我排长他那个脚打漂亮了（打透了）。我一看，那脚一直在流血。后来那个排长去哪儿了，我也不知道。他们（联合国军）土耳其旅都是机械化坦克、装甲车，志愿军把炸药包送到车上就爆炸了。赶到炸药包一响，他（土耳其兵）就完了。

战场上勇救排长的经过，具体的细节尚兆禄已经记不清了，甚至连对方的名字也都忘了。但他始终记得看到战友被打伤后，第一反应就是救人。由于当时通讯不发达，回国后他和很多战友都失去了联系。

　　晚上都在冰天雪地里，多冷啊，都冻坏了。我一看，都是冻坏的。我都认识，看着都挺可怜的，我去埋他。抠了七个坑，埋上了。我就把枪拿出来了，其他什么都没拿，子弹、手榴弹全部都埋上了。

　　那时候就发双单鞋，穿那个鞋不暖和，在朝鲜冻伤多，我这脚都冻得不会动了，冻坏了。

讲述自己在战场被冻伤和掩埋自己战友的经过时，尚兆禄眼里含满了泪水。他一直给我的感觉是爷爷般慈祥，对自己的过去并没有想说太多，只是不停地说他很知足，能活着回来就是幸福。

　　我是1952年12月回来的，回到通化，我奔佳木斯去的。陆军二院那儿伤员多，1万多伤员。

尚兆禄退伍后，原本有机会留在城里工作，但他并没有选择那样的生活，而是主动返回自己的家乡建设百废待兴的黑土地。后来他担任过大队书记、青山沟二矿书记。55 岁后，尚兆禄再次回到老家成为一名农民。就这样，一位战功卓著的老战士在和朝鲜接壤的土地上默默地度过了自己的晚年。

我们拍摄结束还不到 3 个月，这位英勇且低调的老战士于 2020 年 11 月 25 日安详地走完了他的一生。听到这个消息我是悲伤的，这样的老战士，并没有因为自己的战功而给国家和组织添过任何麻烦，他的精神永远值得我们后人铭记。

胡继成（第 42 军 126 师师长）

尚兆禄讲述抗美援朝历史

十二、战场四次负伤，与敌人
拼刺刀的战斗英雄

梁万昌

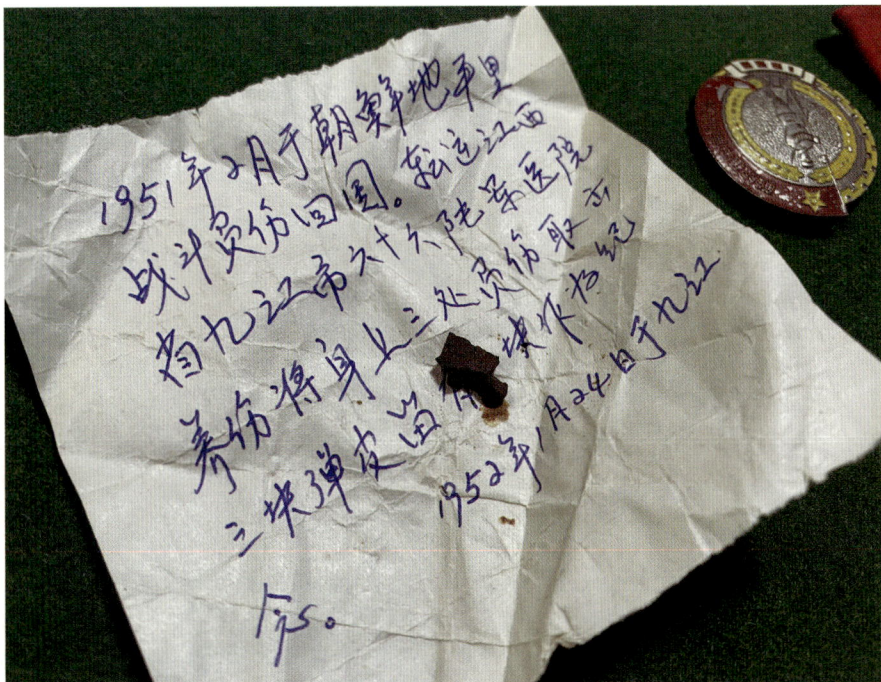

从梁万昌身上取出的弹片

从入朝一直到最后，就没有一个人寻思将来会活着回国，都抱着一死拉倒这么一个态度。

都知道过了江以后啊，我不可能再活着回来了。虽然心里那么想，但还是照样过江，没说害怕，没有。我告诉你，中国人这一方面了不得啊，这是党的一种教育，一心一意为人民服务，为人民而死。就是这么一种态度，一点怨言没有。

第一次和梁万昌见面时，是一个大雨天，当时丹东正在下暴雨，我们一行人冒雨前往他的家，路的两边都是苞米地，突然车前有一群鸭子整齐有序地穿过一条泥泞小路，路的右边便是梁万昌的家。刚见他的时候，给我的感觉是一个斯文的老者，穿着衬衫，戴着眼镜，面容温和。经过一番接触，我发现他为人十分豪迈，依然保持着当年军人的耿直性格。已经94岁高龄的他，虽然听力下降，沟通的时候需要声音大一点，但思维还是很活跃，说起当年自己从军战斗的经历，记忆也很清晰。

在梁万昌这间简单的小屋子里，他给我讲述了几个至今让我印象深刻的故事：他在朝鲜战场上负伤，在机缘巧合下死里逃生，又和敌人拼刺刀，近身战斗歼灭两个敌人的"惊险刺激"的情节。但一切都要从他参军时说起。

1. 整编后继续留部队参加大生产

梁万昌出生于1927年2月，1947年7月参军，当时在辽宁省安东军区独立3师，先后参与了东北解放、南下剿匪等战役。

东北解放以后，第四野战军就开出关，打北京。把北京包围了以后，部队全部改编，信心越来越足。跨过长江以后，第42军就留下了。河南安阳解放，大别山剿完匪以后，把第42军就调到黑龙江，所在那个部队那时候就叫独立3师。

到1950年6月，剿匪工作接近尾声，社会各地趋于稳定，战争状态也在大陆地区基本结束。根据情况的变化和国家生产发展的需要，1950年3月，国家对军队进行整编，以减轻财政压力，同时推动解放军现代化建设。

在这样的情况下，梁万昌还是没有选择转业回家，而是响应国家大生产的号召，继续待在部队，参与黑龙江的生产建设。梁万昌回忆起当时战争结束，跟随部队回到东北参与生产时的想法和对部队的感情：

> 那时候一直知道，中国共产党这个力量大了，能打过国民党了，信心就来了，就不想转业回家，就想在部队一干到底。
>
> 主要是之前家里有老人，想回去看一眼；有老婆、孩子，想瞅一眼自己家。已经解放了，当时心情马上就变了，和打仗的时候不一样。一看建国了，心情就乐了，和现在就有点相似啊，就奔着国家、奔着自己的家庭，好好进行土地（建设），都分到土地了，有地了。

梁万昌从南方又回到东北，离家近了许多，也期待着回家看看：

> 本来黑龙江和吉林、和辽宁有好几千里地，虽然是就近（参与建设）了，但是离家还挺远。我当时心想，将来能不能回家看一眼？就想这么个事，别的什么也不想，也不想打仗了，就一心

一意（种）这个粮，苞米、土豆长得好，就高兴了。

家里的亲人是这位年轻战士一直以来的牵挂。自他参军以后，一直跟着部队辗转全国各地作战，眼看着解放战争取得了胜利，新中国终于在无数人的奋斗下成立了，他终于可以回到离家近一点的地方，一边参与建设给国家做贡献，一边过上安定和平的生活，还有机会能回家看看亲人。正当梁万昌抱着这样的想法，从战争的状态转换出来，打算在黑龙江农场里的生产第一线扎根的时候，以美国为首的"联合国军"却又挑起了战争，把战火烧到了鸭绿江边。

建国之初，经历了多年的战火，新中国的土地上满目疮痍，可谓一穷二白。安安稳稳过日子，好好发展生产，可以说是无数中国人民共同的愿望，但是美帝国主义并不同中国人民讲道义，更不会讲感情。

这时候中央又下令了，把生产全部转移给地方，把部队拉到梅河口军事训练，俺们全军开到梅河口，从黑龙江调回来训练。训练1个月，开始出国了，开始到朝鲜。

2. 响应号召，出国作战

再次听到中央号召集结的消息，一开始梁万昌和战友们都很惊讶。

朝鲜战争突然发生，大家在农场干活，就心情来说，还没转过这弯呢，突然间战争起来了。

当时那种心情是没有办法，一考虑说，哎呀，估计国际形势相当紧张，美国已经到朝鲜，很快就会侵略中国。

作为第一批出国援朝作战的志愿军，一切军事行动对外都秘而不宣，但部队让战士们给家人写信告别。大家三言两语的家书，就是出国前和最牵挂的家人们最后的联络，很多年轻的战士踏上朝鲜的土地后，就再也没有回来。

指导员就告诉我们，可以往家写封信，就叫你通知家里。意思说，要出国，要走了，要到朝鲜了，告诉家里一声，就是那么回事。简简单单说那么一句两句的就妥了，让家属知道，你儿子出国到朝鲜，就是那么个意思。

说到这里，梁万昌讲述了一个让我难忘的细节。奔赴朝鲜战场作战的队伍很庞大，人数众多，伤亡也十分惨重，后续的战后统计工作是如何完成的呢？

因为俺们在出国之前，每人发个小白布条，这个白布上就写上水笔字"辽宁省宽甸县永年区谭店村梁湾厂"。如果牺牲了，解开扣一看，把这个布条抽起来看。所以说认出每个牺牲的人都是这个办法。为什么咱能掌握他是哪儿人呢？就是这么来的，每个人衣服里头都有个布条子。

听完之后，我感到非常震惊。给每一个志愿军战士准备布条登记姓名、住址，这既是对每一位战士的身份负责，也说明无论生死，国家绝不抛弃任何一名战士，不忘记他们的功劳；更说明全军上下对此次出国作战都抱着必死的信念与决心。

谈到抗美援朝面临的生死问题，梁万昌非常平静地说：

> 咱们中国有一个特性，虽然武器落后，用的是小日本的破烂武器，美国那是先进武器，但是中国人不怕死，就抱这么个态度。为什么呢？美国有那么好的武器，为什么打不过中国啊？中国豁上了，豁上命。所以就这个来说，美国是赶不上中国的，在这方面它是咱的优势。

记挂着家里的亲人，留下诀别的简单家书，梁万昌和无数志愿军战士一起，义无反顾踏上了渡江入朝之路。回忆起过鸭绿江的当晚，老战士思绪飞扬。

> 人够一个师够一个团，就过江。那浮桥都是老百姓搭的。等老百姓把那桥搭好，车都立在江里，钉上板子以后，就踩板子过江。怎么那么神，那是相当了不得。

对当地老百姓帮助搭建的浮桥，梁万昌赞不绝口。其实，在抗美援朝战争的后方，一直有祖国人民的强大支援。

在中国人民志愿军入朝参战消息公布后，全国人民反响热烈。在主要渡江地点的安东（今丹东市），当地老百姓行动更是积极，帮志愿军做好一切后勤工作。正是因为举全国之力的支援与动员，以及前方志愿军战士们的互相感染、激励，才铸就了中国人民志愿军的"不怕死"、"豁出去"。

3. 与敌人展开白刃战

入朝之后，梁万昌在第42军126师376团1营1连，在战场上多次负伤，又多次和死亡擦身而过。讲到负伤的经历，梁万昌陷入了深深的回忆，他思索了一会儿，才开始说这段惊心动魄的经历。

一次，是参加朝鲜战场最惨烈的战役之一的砥平里战斗。

砥平里位于横城以西、杨平以东、南汉江以北，"联合国军"自1951年2月3日占领该地区后，便构筑了环形防御阵地，并设有防御要点，可谓做了充分的准备。此时，横城反击战正在进行，在砥平里驻扎的美军也有了向南撤退的迹象。

2月12日晚，梁万昌所在的第42军126师向砥平里以南的曲水里插进，以切断敌军退路。在这里，他们对美军展开了3天的激烈攻防战，我方伤亡很大。

> 你要看地图，能找着砥平里。咱们中国的志愿军，就这次砥平里战役伤亡最大，受伤的多，牺牲的多，被俘的多。就那天，不知怎么的，我们叫敌人包围了，我老梁头也差点被俘了。

砥平里战斗是志愿军包围美军的一次进攻作战，但即便是在占据优势的形势下，也时常会有像梁万昌这样的特殊遭遇。他讲起当时的危急情况：

> 最后有个领导告诉我们说，咱们今天已经不行了，每人准备一个手榴弹，把手榴弹的盖拧开，抬高手握弦，等敌军来的时候，

就带俩弦，一命换一命。敌人不到跟前，你不要拉弦，咱们指定是别叫敌人抓活的。这些战士们挂彩，每一个给一发手榴弹，每一个手榴弹高手握着，我也是高手握着，就等敌人来抓你的时候，一拉弦，一命换一命，就到那个分上了。

梁万昌说下这些话的时候，表情非常坚毅，从他的脸上似乎还能看到砥平里战斗现场的惨烈。志愿军宁死不屈的精神再次震撼了我。梁万昌继续说了下去。

冷不丁的，搁南边就飘轻雪，放大雾了。云彩把天遮上了，地也都遮上了，看不清了，妥了。敌军飞机看不到地下，就废了，也不轰炸，那边炮火也减轻了。

这场突如其来的大雾救了他们，大家开始搬运伤员。

伤员往前抬，第一道火线，是志愿军，俩人抬一个担架。抬到后方，交给老百姓，老百姓是五个人一副担架在那儿等着。老百姓接了这个担架，好了就赶快抬着往后跑。

哎，天阴了，这叫天救了，什么也看不着了。敌军撤了，炮也不能打了，所以我这负伤的也行了。伤员疼得急眼了，嗷嗷叫，但是也告诉（伤员），不要大声哭，不要大声叫，听着疼啊，这不就扛着吗？哎呀，就这个过程，被天救了。

说到另一次和敌人拼刺刀近身战斗的经历，梁万昌激动得从椅子上站了起来，仿佛又回到了当年那个紧张激烈的战场。我们所有人都听得屏住了呼吸。当时梁万昌的班里有一位战友叫常寿山（音），他们两个人和敌军有过一次遭遇战。

> 常寿山这个小子，现在是死了，他是改编过来的，编到我那个班里，个不太高，长得胖，相当有劲。他拿的枪上是刺刀，我当班长的时候，拿冲锋枪。那次俺们俩就追出去了，正好追到前面，出这个堡子，两个敌人也不知道在那儿干什么，认为俺们这俩人是他们一个部队的。天不亮，也看不清，敌人就没注意，我们就跑到跟前去。

> 常寿山说了句"别动，别动"。那个敌人就听出来了，哎呀这是敌人。有一个小子就举手了，意思就投降了呗。另外一个小子站在下面，没举手，常寿山那个枪上的刺刀，就补了这个没举手的一下。这一补，这小子一把就把常寿山的枪抓住。他一拉扯这个枪，举手这小子就跑了。正好我枪里还有半手子弹，我一勾火，把这跑走的小子打死了。没举手的小子，就抱着常寿山不松手了。

梁万昌对着镜头，越说越激动，而且还站起来向我们比划起当时打斗的经过。我几次示意他不要激动，可以坐下慢慢讲，但我的确被感染了，感受到了他那激昂的情绪。

> 我拿着冲锋枪，不能打呀，我就叼我这个枪管子，往他那脑

袋嗨了两下子。这个敌人倒了，但是手没松，他戴个棉帽子。我就叫常寿山松手，他一听到我的话就松手，我就拿到他那个刺刀枪。我拿着刺刀就朝这个敌人扎，没扎稳，扎得叮当的，把我一晃，差点就摔倒了。

我把刺刀收回来，瞅准了，害怕扎住自己人呢，要是扎住自己人怎么办？敌人还抓住常寿山的脖子，想掐他，没松手。把刺刀拽出来，又一刺刀，就叫常寿山盯着杆子躲，扎进去以后呢，敌人就松手了，"嘎"一声，跑了两三步，趴下了。

在当下听起来像影视剧里才会有的惊险情节，却是在梁万昌身上发生的真实战斗故事。梁万昌情绪激动，神情专注，说完才又缓缓坐下。在朝鲜战场上，他屡次负伤，伤好后却又坚定地回到战场上。我问到他，是什么样的一种信念支撑着战士们不怕死的牺牲精神，他说了一段让我记忆深刻的话：

反正单纯没有别的想法，我就告诉你这句话。就是从入朝一直到最后，就没有一个人寻思将来会活着回国，都抱着一死拉倒这么一个态度，都是这么一种心情，没想到活着回来。要不我现在活到94岁我高兴呢。就是说，没想着活，这么大事连想都没敢想。

你是不理解当兵的人，只有战争年代，只有打仗的时候，就没想着活，就想着拼死拉倒。也不说像黄继光、董存瑞什么的，也没有往那儿想，就是拼死拉倒。你把我拼死也行，我把你拼死也行，就是这么一种心情，没有别的意思。

有很多人知道这码事，问啊，我孩子也说过。我孩子说，哎呀，爸，这件事得跟别人说说。我说拉倒吧，已经过去多少年了，早都忘了，这事也就淡泊了。

在战场上把生死置之度外，一心只想把仗打好，消灭敌人，回国后淡泊名利；这不是演讲宣传，也不是喊口号，这是一位最质朴的志愿军老战士的亲身经历和讲述，我没有办法不受到深深的感动。在采访中梁万昌几次谈到志愿军的不怕死，还说了毛岸英的例子。

"毛泽东这么伟大，把自己儿子都豁上了，就那么一个儿子毛岸英，都撂在朝鲜了，别人能做到吗？谁能做到这个？"

梁万昌说，毛岸英的壮烈牺牲让志愿军全体将士们非常震撼。采访到最后，梁万昌用一口地道的东北话感染了我们在场所有人。

"中国不出兵的话，整个东北就造给美国了。你不知道，南朝鲜李承晚那个口号都喊出来了，俺们部队所有当兵的都知道，当官的更知道，都知道敌人要'到沈阳过一样的年'，你说吓不吓人？"

梁万昌回国之后，进入县农业部门工作，直至退休。到接受采访的时候，他还说起了和冯占武的交往，因为他们都是同一个地区的志愿军战友，时不时还会在一起开会。他夸赞冯占武是"万岁军"的，打趣自己自叹不如，两位老人经常在一起回忆朝鲜战场上的往事。

"抗美援朝，保家卫国"这八个字，我想，就是对这位志愿军老战士勇往直前、无惧生死的最好诠释，除了献上我最深的敬意，其他的都无须多言。

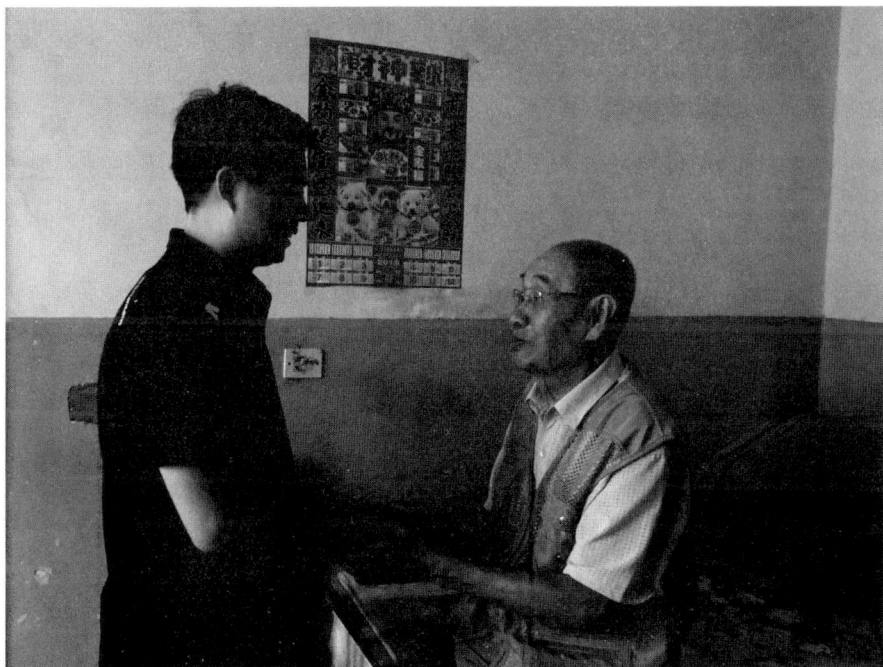

梁万昌与本书作者亲切握手、交流

梁万昌与本书作者合影

十三、为志愿军战鹰保驾护航的
地勤兵

沈奎观

沈奎观与本书作者合影

早上还笑着道别的战友，几个小时后就壮烈牺牲，永远也无法再见。

一个志愿军战士，不光要做到无私无畏，不怕苦，不怕死。要勇挑重担，不要拈轻怕重，要有一种革命的、创造性的精神，在平凡的岗位上做出不平凡的成绩，以此奉献祖国和人民。敬礼！

在这次采访的抗美援朝老战士中，有一位不一样的人，他虽然荣立二等功，但并没有跨过鸭绿江参加战斗。他和其他从解放战争时期一路打来的老战士不同，他于1950年响应国家抗美援朝的号召，毅然决定参军入伍，并且放弃了进入政府机关当公务员的机会。他就是中国人民志愿军航空兵第6师18供应大队的班长——沈奎观。

我叫沈奎观，今年85岁，原中国人民志愿军航空兵第6师18供应大队老战士。1950年12月参军，战争的最后阶段在后方做油料供应工作。

采访沈奎观，是在北京市海淀区的一处居民楼里进行。我们到达时，沈奎观已经穿戴整齐，在家中等候了，和他一起等待的还有他的女儿。这一天，沈奎观穿着笔挺的军装，佩戴军功章，显得格外精神。这次采访的老战士中，沈奎观相对比较"年轻"，但其实已经85岁了。在接触时可以发现，他身体状况很不错，精神也很好。

1. 放弃公职，追寻保家卫国参军梦

1935年3月，沈奎观出生于山东济南，1950年12月加入中国人民志

愿军。但这个决定，却是他瞒着家里人偷偷做出的。

　　当时我在东北行政干部学校上学，毕业后要到沈阳市人民政府当公务员。就在这个时间，中央发出了抗美援朝的号召，当时我的心情很不平静。一方面想到父母亲在那么困难的岁月里把我养大，特别不容易，另一方面又气愤美国的入侵。怎么处理这个矛盾呢？头脑里面就特别纠结，但是再一想到我之所以能够上学，马上能当公务员，这都是很多老同志用牺牲换来的，所以我要服从大局，首先是要保卫祖国，不卫国不可能卫家，没有国哪有家呢？

正是怀抱这样的家国情怀，让在艰难环境中长大的沈奎观，放弃了公务员的职业选择和安稳的生活，毅然报名参加志愿军。彼时，他才16岁。

　　入伍时我的年龄多报了两岁，我既没有告诉自己的父母，也没有和朋友商量，自己作主就报名了。原因就是一条：抗击敌人，保卫国家，保卫我们的人民。

沈奎观抱着上战场浴血杀敌、保卫人民的理想，却没有第一时间被派到朝鲜，而是随着部队前往长春。

　　我在学校跟大家匆忙告别后就出发了，上火车后一下被拉到长春。我们就问什么时候能开到前线去？部队告诉我们先训练，训练完了以后再走。结果学习的不是射击，不是打枪，是学习航空部队飞机上的油料怎样供给，怎样保证它的质量，就是学习油料的这些知识。

原来，和其他志愿军战士不一样，沈奎观被分到后勤保障部队，而他们的任务就是为志愿军空军做地面保障，部队驻扎在安东（今丹东市）。

对于一心想要参加抗美援朝一线作战的沈奎观而言，担任后勤工作让他觉得有点失落。

> 我们空军打仗就是在朝鲜，因为新义州的机场被敌人炸掉了，我们的飞机没有办法过去驻扎，只有驻扎在鸭绿江边的机场，从我们这里起飞然后去打仗，完了再回到这里来，所以我们的一线就是在丹东。后来我知道是做后勤工作，思想就不通了，不愿意当后勤兵，既然抗美援朝，我就要到前面打仗去。为此，后勤部给我们反复动员，说我们部队打仗不是单一的都在第一线冲锋陷阵，还必须要有后勤保障，飞行员在天上打仗，大部分人都在地面来保障。

2. 后勤也是战斗，也是保卫国家

随着战事逐渐吃紧，沈奎观在部队里得到了教育和锻炼。他逐渐也就明白了对于空军而言后勤工作的重要性。而且，后勤工作也并不轻松，需要很大的耐心和承受力，还需要很大的体力。他讲述了当时"刷油囤"的细节：

> 油库供应保障工作大多是粗活，第一个工作就是要刷油囤。

油圈很大，50 吨的油圈比这个房子还要大一点，而且不能用水刷，要用油刷。人在油圈里面呼吸大量的有毒油气，时间不长就会招架不住，头脑就不清醒了，眼睛看到的东西都是模模糊糊的。这时候就要用绳子搜上来，到地上换换气，换完气以后又下去继续干。这一天下来，因为神经受到了刺激，晚上睡觉人就容易失眠。

战争是残酷的，如果后勤供应不上，本就紧张和处于弱势的空中战斗很快就会败下阵来，沈奎观愈发明白自己工作的重要性，后勤工作也是战斗，也是保家卫国。在此种信念的促使下，他咬着牙坚持了下来。

美军空军力量几乎变态似地增加，他们依靠绝对优势的空军力量，持续轰炸抗美援朝战场的前后方。而当五次战役都无法推进，终于被迫坐上谈判桌时，美军依然想利用空军优势，在朝鲜北部发起"空中封锁交通线战役"，即空中"绞杀战"，意图切断志愿军和朝鲜人民军的运输线，以此作为威胁，妄图在谈判桌上捞到更多好处。据资料统计，1951 年夏天，美军出动 19 个空军大队、1400 多架飞机。志愿军空军为配合地面部队，派出 9 个歼击航空兵师和 2 个轰炸航空兵师参战，在苏联空军的配合下，与美军飞机展开激烈的空中缠斗，决计不让美军的阴谋得逞。

敌人到机场里面扫射，直接打到我们值班室的房顶上，敌人的飞机从山沟里面偷偷地爬高，然后袭击我们的飞机。有一次，我们的飞行员是个大队长，他作战经验比较丰富，一发现敌机从后面来了要射击他，他突然就上升了，到上面去以后，敌人的飞机一下子冲了过去，大队长就驾驶飞机跟在敌机后面打它。

这样与死神擦肩而过的经历，沈奎观经历了无数次，他对工作越来越熟悉，对战场上的情况变化也越来越有经验。每天夜间 2 点多钟，进行战机起飞前的油料质量检验是沈奎观的头号工作。冒着刺骨的寒风和被敌军发现的危险，他必须要挨个检查分散隐蔽在树林、山谷掩体中的油车和飞机，把过夜的沉淀积水排除掉，保障飞机第二天的战斗。

有一次，意外发生了。

> 有一天夜里 2 点多钟，到了机场，地勤人员一检查飞机，发现起落架不能升降，但是明天早上就要起飞，而且这个战斗起飞不是一架两架，是全师的飞行任务，影响作战全局的问题了。(后来我把) 高压油配好以后，起落架都可以正常升降，所以在天亮之前，5 点多钟，飞机都按时起飞。

说起当时的紧急情况，沈奎观有很大感触：

> 空军是一个整体，没有地面地勤人员辛勤的保障，飞行员很难单独完成作战任务。

沈奎观始终坚守在后勤保障第一线，但让他感到痛苦的，不是敌人的袭击和生命受到威胁，而是听到战友离开的消息。讲到这里，沈奎观几乎落下泪来，他说：

> 早上还笑着道别的战友，几个小时后就壮烈牺牲，永远也无法再见。

自己当时能做的，就是把所有的愤怒和悲痛，化作与敌人血战到底的信心和决心。

　　我们机场的火炮经常处于战斗状态，那时候有敌情了，我们就马上开炮。空军一开始装备的是米格-9、米格-15，美军用F-86，所以我们和美军作战，飞机的技术装备上不占优势，但是打落美军的飞机很重要的就是靠我们志愿军的勇敢和战术。有一次我们空6师一个飞行团的副团长，他刚结婚一个月左右，出战的时候，他击中敌方轰炸机，敌机虽然被打冒烟，但是还没有摔下来，结果敌机在后面又击中副团长，把他的腿打得出血，副团长跳伞以后在地面流血过多，壮烈牺牲。战友牺牲更加激发了我们抗美援朝的斗志和决心，一定要加倍努力搞好我们的后勤保障工作，要战斗到底。

当时虽然我军空军装备薄弱，但党中央对空军的发展极为重视。抗美援朝战争开始后，为提高人民空军的作战水平，毛泽东主席作出让空军部队入朝参战的战略决策，并多次指示空军"要争取时间锻炼部队"，"应设法使更多部队参加实战锻炼"。1951年6月22日，毛泽东主席下达指示：空军初次打仗不要设想一鸣惊人；一鸣则已，不必惊人。志愿军空军以轮番参战的形式参加抗美援朝战争，边打边建，边打边练，在战争实践中逐步成长壮大。

年轻的志愿军空军在朝鲜战场上打出了威风，为取得战争胜利做出了巨大贡献。据资料统计，在抗美援朝战争中，志愿军空军共有歼击航空兵

10 个师 21 个团、轰炸航空兵 2 个师 3 个大队 784 名飞行人员、59733 名地面人员参加了实战。战斗起飞 2457 批、26491 架次，实战 366 批、4872 架次。共击落侵朝美空军、海军及参与侵朝战争的其他国家空军的飞机 330 架，击伤 95 架（内有 F-86 型喷气式战斗机 211 架，F-84、F-80 型喷气式战斗轰炸机 72 架，F-94、FMK-5、FMK-8、FMK-24、F4U、F-51、B-26 等型飞机 47 架）。一大批英雄集体涌现出来，荣立集体三等功以上的单位有 300 多个（其中荣立集体一等功的单位 6 个，集体二等功的单位 2 个）；有 212 名飞行员击伤击落过敌机，荣立个人三等功以上的英雄、模范计 8000 多名。朝鲜民主主义人民共和国还向所有志愿军空军的英雄、模范、功臣，分别授予了一、二、三级国旗勋章及一、二级自由独立勋章。

同时，志愿军空军也付出了巨大牺牲。据资料统计，在整个抗美援朝作战中，志愿军空军被击落飞机 231 架，被击伤 151 架，有 116 名飞行员英勇牺牲。

由于长时间接触油料，引起沈奎观身体中毒，但他并没有因此放弃，而是毅然坚守在战斗一线，直到抗美援朝战争取得最终胜利。

> 胜利的时候当然很高兴啦，当时一听说抗美援朝结束，大家在油库里都热烈欢呼，非常高兴，说我们总算完成抗美援朝的任务了。再一个就是又接受了新任务，要到上海保卫大上海去，大家也很高兴。

战争结束后，沈奎观并没有转业复员，而是和战友们一起转战保卫上海。后来主要从事政治工作，先后担任空7军宣传处长、作战训练思想政治工作室主任、空军指挥学院教授等职务。

沈奎观这样表达自己对抗美援朝、对志愿军的感情：

> 我最大的收获，就是感到革命的意志锻炼得更坚强了；最大的教育，就是对未来保卫我们国家，保卫我们社会主义的前途，充满了信心和力量。过去那么困难的时候，中国人都能够把抗美援朝进行到底，把美国人打趴下，今天我们有那么多先进武器，还有什么力量是战胜不了的？

在后勤保障工作中，沈奎观勤奋钻研，创新了油料保障方法，为提升志愿军空军战斗力做出了突出贡献。他荣立二等功2次、三等功1次，并被中朝联合司令部授予军功章2枚，荣获朝鲜民主主义人民共和国战士荣誉勋章。

在采访的最后，我说今年是抗美援朝出国作战70周年，想起自己的战友和当年的故事，他有什么感受。沈奎观突然沉默，停顿了一下，再说话的时候已经哭了，两行热泪夺眶而出。他说：

> 现在很知足，能活着回来就是幸运的，我每每想起那段岁月，想起牺牲的战友，我说不出的难过。我们是空军地勤部队，抗美援朝这场战争有十几万人为空军后勤做准备。虽然我们有些同志并没有过江，但这是战争的需要，我希望国家对抗美援朝功臣的认定不要以过江和不过江区分，因为战斗部队的分工不同，我们

有十几万地勤部队在空军服务，希望国家和人民不要忘记这些志愿军战士。

我明白他的意思，对于战争前线冲锋陷阵的战士，我们的确应该记住他们的贡献，但也不应忘了为这场战争在背后默默做出巨大牺牲的各兵种战士们。

$$\frac{上}{下}$$

上　青年时期的沈奎观

下　沈奎观与妻子

十四、走过抗美援朝战场的
百岁将军

董占林

董占林接受本书作者采访

"你打你的原子弹，我打我的手榴弹。"这是毛主席的原话。

在本书采访的所有抗美援朝战士中，他是军衔级别最高的一位，并且最为特殊，他曾为共和国立下了汗马功劳。他就是走过朝鲜战场的共和国将军董占林。

　　采访董占林是经过他的兵——罗援将军的引荐，当天，我们前往北京市西城区新街口一个院落，董占林的晚年在这里度过。见到董占林时，他已经97岁高龄。采访地点安排在一间会议室，屋里恰好挂着他的一幅亲笔字："九十年军旗色不褪　永远忠于共产党。"

　　我提前在会议室等候，没过几分钟，董占林在干休所干事的陪同下走了进来，迎面给我的第一感觉是不愧为一代名将，精气神十足。当时的董占林视力几乎丧失，他用洪亮的声音跟我打招呼："谁是小秦啊，来来，坐下来我们聊。"我和董占林就这样坐在沙发上，没有任何寒暄直入主题，他开始讲起了自己的戎马岁月。

　　通过和董占林的聊天以及查阅他的资料，得知他1938年参加革命，1944年加入中国共产党。抗日战争和解放战争时期，参加了黄土岭战斗、百团大战和辽沈战役、平津战役、衡宝战役和广西剿匪等战役战斗。新中国成立后，参加了抗美援朝、藏甘青南平叛剿匪、边境自卫反击战等战役战斗。历任排长、连长、营长、团长、130师师长、军长和大军区副司令员等职，1988年被授予中将军衔。

　　董占林的战斗经历丰富，每一段几乎都可以写出许多精彩的故事，如果回顾他的戎马生涯，可以说，就是一部活着的中国革命战争史。

　　董占林由于两次进藏作战，患上严重的雪盲症，加上年迈，双眼几乎已经失明。所以我们在采访过程中，他很多时候都是闭着眼睛说话的。即使这样，他讲起自己的从军经历，依然神采奕奕，说到对于朝鲜战争的看法，他的回答掷地有声：

> 那时候我们要不参战呢，朝鲜就完了。朝鲜已经是大门（打开），美国已经开始轰炸东北。蒋介石轰炸上海，要反攻大陆，所以那时候伟大领袖毛主席下决心呐。
>
> （抗美援朝的决策）非常伟大。毛主席说，帝国主义是个纸老虎，美帝国主义在战略上要藐视它，在战术上要重视他。这个美帝国主义是欺软怕硬。毛主席就是硬，当时谁敢打他（美国）？毛主席就敢打他。他吓唬咱们："我要打原子弹！"毛主席（说）："你打你的原子弹，我打我的手榴弹。"连着进攻运动战，五次战役把他打垮了，他到"三八线"都防御了，嗯，顶住了。

董占林戎马一生，对于战争的认识和体验都是在切身体会后的真知灼见。俗话说，时势造英雄。这样一位战功赫赫的将军，也是在逆境中成长起来的。采访一开始，董占林便诉说起了他童年时期的困苦经历。

1. 无依无靠的小长工，终于加入了"穷人的队伍"

> 我 11 岁爹死，爹死了以后，妈嫁人，嫁人后不到 10 个月，妈又死了。她嫁给了谁呢？嫁给了北京市房山县的，现在叫房山区，镇江营村一个姓刘的。我们姓董，不能改名，不能改姓，还是姓董。当时我很苦啊，我当长工，当了两年半呢。

1923 年 11 月 8 日，董占林出生在河北省涞水县宋各庄一个穷苦的家庭，他父亲董伯兴是一个私塾先生，靠帮人写红白喜事的楹联养家糊口。父亲重病后，家里不得不把最小的弟弟董占山卖给别人。作为家中顶梁柱的父亲去世后，董占林和弟弟董占泉随着母亲改嫁到了房山，可好景不长，母亲也积劳成疾，离开人世。为了谋生，只有 12 岁的董占林和 9 岁的弟弟，分别在不同的富农、地主家当起了长工，从此兄弟二人分离。

回忆起那段时光，董占林非常悲痛。"旧社会把人变成鬼"，这是旧社会底层人民的真实写照。无父无母、无依无靠的董占林，在富农家饱受虐待与欺凌。在东家严厉的监管下，董占林干了一年又两个月的苦工，却只在过年期间拿到了一块五毛钱的工钱。他趁着正月休假，从富农家偷偷离开，并暗自发誓再也不回来。即使这样，东家还四处寻他，要求他"赔偿"这一年来的饭钱。董占林躲了好一阵，后来经人介绍，又去另外一家叫常勤的富农家做长工。

在新的富农家，董占林虽然没有受到虐待，也是做牛做马，干着最苦最累的活。而看他能干，常勤还想把女儿许配给他，让他留下来做一辈子的上门女婿，这让董占林十分恐惧。

不久，他终于迎来了人生的曙光。1938 年，他见到了八路军。和以往搜刮、压迫百姓的军队截然不同，八路军给幼小的董占林留下了很好的印象，他萌生出了参军的念头。

1938 年，八路军来到我们这个村，现在的镇江营。他们扫地，挑水，唱歌，不打人不骂人。什么部队啊？就是狼牙山五壮士、金沙江大渡河那个团，1团。司务长，剩了六个手指头，是个老红军，江西人，到我在那个家去买鸡蛋。我说我想当兵，要不要？要我，就当了八路军了。就这么来的。

董占林回忆说，当时买鸡蛋的司务长听了他想当兵的话，对他说："我们这个队伍是穷人的队伍，你要当兵，我们欢迎。"

2. 在战斗中成长，三获"通令嘉奖"

见过司务长之后，董占林终于摆脱了做长工的生活，进入部队成为一名八路军战士。1938年秋天，董占林第一次参加战斗，就遇到一场拼刺刀的近身肉搏战。

战斗发生在一个叫王快的小镇。当时董占林所在的班里有6名战士遭遇了日本鬼子，大家毫不畏惧，勇敢地冲上前去与敌人搏斗。相继有3名战士倒下，董占林的左手食指也被敌人的刺刀刺伤，鲜血直流。他忍着剧痛，咬紧牙关，继续与敌拼杀，几个回合之后终于将敌人刺死在刺刀下。战斗结束后，他左手的伤口却感染了，卫生员见状，要把他抬回老家养伤。可董占林坚决不从，他决心要跟着部队走。第二天，高烧不退的他被部队抬着走了11天。正是凭借这样的毅力，才锻造出他后来的一次次战功。

从晋察冀军区一分区1团，到冀东十三分区第12团，再到抗日战争中的公安大队的大队长，董占林在一次次战斗中，立下赫赫战功，受到部队三次"通令嘉奖"。

当时给我三次通令嘉奖。一次接了军区通令嘉奖，一次进入了16个军分级通令嘉奖，一次12团的通令嘉奖。

说到这三次通令嘉奖，董占林最为骄傲。嘉奖、记功、授予勋章……虽然我军奖励项目一直在不断演变，但通令嘉奖一直是其中历史最为久远，且在部队影响最大的一种精神鼓励方式。

3．从剿匪到入朝

1949年10月1日，中华人民共和国成立，毛主席宣布，中国人民站起来了，中华人民共和国成立了！我们都不知道。我们在干啥？我们正在衡宝打仗，当时我是400团的团长，打完了仗，一个多礼拜了才知道中华人民共和国成立了。

得知新中国成立的好消息，董占林高兴得几近落泪，中国人民终于可以安居乐业过好日子了。解放战争结束后，他没有转业回家，而是选择继续留在部队。直到抗美援朝战争开始时，他还在广西剿匪。

董占林回忆说：

我们那时候正在广西剿匪，中国大陆最后一仗——平而关战役，就是我打的。广西咱们剿匪有14个师。在这个时候，抗美援朝打得最激烈，抗美援朝报告团到广东作报告，叫我们去听报告，我们都去了，我们团干部都去听抗美援朝的报告。

朝鲜停战谈判开始以后，中南军区组织部分师、团干部轮流入朝，以熟悉朝鲜战场的情况和特点，学习兄弟部队的作战经验，为各部队下一步入朝作战做好准备。

1952年5月，董占林和部队的16名战友一起，由133师政委王易带队，来到武汉集中待命。3天后，中南军区见学的60多名师、团干部，乘火车北上，途经广东、湖南、湖北、河南、河北、辽宁6省，抵达中朝边境的重镇——安东（今丹东市）。由于美军不分昼夜地疯狂轰炸，董占林和见习团一起，在安东等了七八天后，终于乘着夜色渡过鸭绿江，直奔上甘岭前线。

> 我们这个军，入朝比较晚，1952年才真正入朝。我们到朝鲜去学习，叫"见学"。我在哪儿见学的？就是第15军29师。上甘岭五圣山那里，是44师、45师，还有个29师87团，也就是邱少云那个团。

董占林回忆起刚入朝时，前往前线路上的凶险：

> 我们刚到山口，敌机突然来袭，照明弹悬在空中，全部暴露在光照之下，我们都迅速跳下车来，隐蔽到路旁。只见敌机反复俯冲，炸弹连续爆炸，有的汽车被炸中起火，还有的同志倒在血泊里，和我们一起参加见学的第45军402团房扬达副团长也不幸负了伤。但敌机一飞走，我们的车队又顽强地继续行进了。在坎坷不平的公路上，我们冒着敌机的轰炸颠簸了几天，才赶到了中

国人民志愿军第 15 军军部。

在那儿待了 4 个月啊，打这个仗的时候我们都帮助组织了，之后我们都回来了，回来以后老红军一个个地跟我谈话。他说你准备准备，你到南京军事学院去学习。1952 年，我到南京军事学院学习，学完了又回到朝鲜。

实际上在和平建设时期，我们在朝鲜待的时间比较长，待了 4 年多一点。1958 年，我们都回国，从朝鲜撤回来，我们是倒数第二，倒数第一是第 1 军，第 1 军是最后一个回来的。

对于在朝鲜见习的经历，董占林的记忆十分深刻，给我讲了许多其中的细节。

接到入朝作战（命令），那时候没什么想法。但是打的时候，人家美国有原子弹，咱们中国还是手榴弹。美国一开始打，企图很大，要在 12 月份结束战斗，圣诞节要回去过。3 个月要灭亡朝鲜，蒋介石要反攻大陆，还吓唬咱们要打原子弹。

在前线，敌机每天都来轰炸。有一天，我们正在树林里吃午饭，突然敌机来袭，连我们吃饭的粥锅都炸坏了。晚上，我们就在用树枝、茅草和雨布搭起来的临时招待所里。半夜时分，突然大雨倾盆，我们所在的简易草房到处漏雨。但一会儿又不漏了，大家也没有注意。第二天早上才知道，昨夜下大雨时是军招待所的同志们用自己的雨衣被褥给我们盖房顶遮雨，大家都非常感动。

战场上的温暖，让董占林至今仍记忆犹新：

> 畏战情绪没有，伤亡这么大，我跟你说，咱们部队没有畏战情绪，朝鲜人民军、朝鲜老百姓更没有。人家还唱啊跳啊，唱歌跳舞的。

讲起当时朝鲜当地老百姓的状况，董占林非常振奋：

> 除了山沟子里有个别完整的村庄，是个镇子，不要说县城，不要说平壤，一片废墟，打得光光的。但是老百姓照样早晨跳舞唱歌，咱们也是一样。

不仅志愿军和朝鲜人民军战士没有畏战情绪，而且得到志愿军支援的朝鲜人民也不惧美军的轰炸，始终保持着令人钦佩的精神风貌，在自己残破的家园里载歌载舞。这是一种超越了国界，共同抵抗帝国主义侵略的革命乐观主义精神。董占林的回忆，让我好像看到了残酷战场上别样美丽的风景，心中顿时感动不已。

在朝鲜见学的董占林也不是一帆风顺的，他和志愿军战士们同吃住，并随时都能感受到敌人的疯狂和战争的凶险。

在五圣山右侧的王在峰，美军每天不停地轰炸，董占林和战士们整天都待在坑道里，闷得慌，所以他提议到坑道口外吃饭。有一天下午，董占林和战友们正在坑道口吃饭，敌人的一发空中炸弹突然在斜上方十几公尺处爆炸，当即就有七八个战士负伤，董占林的鞋底也被炸穿，裂开一个洞。

上甘岭是怎么回事，那个山叫五圣山，五圣山的右侧，也就是五圣山的西面，是王在峰、斗流峰。我在王在峰待了三宿，一个炮弹从我的脚底下（爆炸），我命也大呀，炸弹把鞋穿个窟窿。敌人没找着我，我在哪儿呢？在坑道呢，我住了三宿，美国人离这儿100多米。

在坑道里隐蔽了3天的董占林，躲过了美军疯狂的轰炸。后来他得以平安返回祖国，进入军事学院学习文化理论。

1955年，董占林被任命为第54军130师第一副师长兼参谋长，第二次前往朝鲜。这时，朝鲜停战已经一年半，但志愿军和朝鲜人民军一起担负起战后守卫"三八线"和东、西海岸线的战备任务。在这段时间里，董占林升为该师师长。

战后的朝鲜满目疮痍，志愿军发扬高度的国际主义精神，帮助朝鲜进行战后恢复建设。水库工程工地、翻田工程、农田、工厂，到处都有志愿军忙碌的身影。在部队所驻之地，到处都有"友谊林"、"友谊村"、"友谊水库"、"友谊合作社"……

1958年2月21日，中国人民志愿军政治部发出《关于志愿军撤出朝鲜的政治工作指示》，要求部队在执行分批撤出朝鲜的任务中必须做到交好走好，善始善终，军队撤出，友谊长存。董占林回忆起1958年离开朝鲜时的场景：

在从部队驻地去车站的路上，驻地附近的群众穿着节日的盛装，举着中朝国旗，撒下五彩纸花，锣鼓喧天，载歌载舞，夹道欢送。

人们捧上米酒，送上鸡蛋，许多人忍不住放声大哭起来。当我来到车站站台时，这里早已聚集起数以千计的欢送群众，有的阿巴吉（老大爷）、阿妈妮（老大娘）还特意从几十里外赶来送行。

包括董占林在内的志愿军战士们在火车上泣不成声，朝鲜老百姓送别中国志愿军的感人场景让他终生难忘。

说到抗美援朝的胜利，董占林神情坚定地再次强调：

出兵是对的，咱们和以美国为首的 16 个国家打，最后到了 1953 年停战，美国签字的将军都说，从来没有打过败仗，在停战（协议）上签字只有抗美援朝。

1958 年 7 月，董占林从朝鲜回国。有了这段在朝鲜的历练，他不仅仅在精神上受到鼓舞，更积累了许多在凶险地域作战的实战经验，这为他后续参加西藏平叛、中印边界自卫反击战打下了良好的基础。

1962 年 10 月在自卫反击战中，董占林因为瓦弄大捷一战成名，于 1964 年晋升为大校军衔。1969 年 11 月，时任第 54 军副军长的董占林出任新组建的第 11 军军长。可以说，董占林在战场上的一次次胜利，离不开他在朝鲜战场上得到的锻炼，也离不开他从小从军跟着部队出生入死，一切为了党和人民的精神信念。

2015 年 9 月 3 日，纪念中国人民抗日战争暨世界反法西斯战争胜利 70 周年大会在北京天安门广场隆重举行。此时的董占林已经 91 岁，他穿着整齐利落的军装，站在阅兵观礼台上，以标准的军姿立正，向经过天安门广场的抗战老兵们敬礼。

在采访的最后，我问他，您觉得抗美援朝之所以能够取得胜利，是一种什么精神在鼓舞着志愿军战士呢？董占林一开始没听清楚我的问题，等反应过来之后，他回答得毫不犹豫、铿锵有力：

> 什么精神？中国共产党伟大领袖毛主席。一说毛主席万岁，冲啊，都这么干，那时候这个精神相当厉害。

说到这里，董占林的情绪已经被完全调动起来，他主动提出要给我们唱一遍《中国人民志愿军战歌》。我明白他的意思，抗美援朝的精神全在这首脍炙人口、传唱大江南北的军歌里：

> 雄赳赳，气昂昂，跨过鸭绿江。
> 保和平，卫祖国，就是保家乡！
> 中国好儿女，齐心团结紧。
> 抗美援朝，打败美帝野心狼！

唱完歌，采访现场的气氛变得更加热烈。接着，董占林感叹道：

> 哎呀，谁不想过一个太平生活，搞搞经济建设。原来有这么个顺口溜嘛：'老婆孩子热炕头，30亩地一头牛。'都想过好日子嘛。现在敌人又要侵略我们，要把我们中华人民共和国掐死摇篮里。我们刚成立嘛，我们1949年10月1号才成立的。

采访结束后，我觉得意犹未尽，便请他穿上军装，留影纪念。当时天气还很炎热，他欣然答应了，换上自己的中将礼服，这一身勋章足以证明一位老战士的辉煌战绩。我和罗援将军，以及干休所的其他同志，纷纷与董占林合影留念。

分别时，我们想送送他，他很豪爽地说"不用送"，走到电梯口处还不忘告诉身边人把我们招待好，也可以喝点酒，"我自己现在也每天一小杯，不敢多喝"。他说出这话的时候，在场所有人都哈哈大笑，我又一次感受到了一代虎将的洒脱和真性情。

董占林如今已经年迈，但他仍每天坚持听《新闻联播》，了解国内外的大事。此外，他还积极参加社会建设，参与公益事业，主动建言献策。这位从朝鲜战场上走过来的共和国将军，这位为共和国征战沙场、戎马一生的革命军人，依然不改他生命的底色。

在这次采访后，董占林一直记得我，在我们的纪录片《应战：抗美援朝中国出兵揭秘》播出后，他专门派人给我送来一本他的画册，而且手写签名。我有感而发，写了一首诗：

敬董占林老将军

一生豪气率千军，
金戈铁马铸军魂。
枪林弹雨皆无畏，
战功卓著勋满身。

2021.04.09 秦远　敬记

```
左 │ 右
─────────
   下
```

左　1956 年在朝鲜留影，董占林时任 130 师第一副师长兼参谋长

右　1990 年 4 月 30 日董占林摄于兰州

下　1966 年 8 月 12 日董占林（前排右二）全家摄于四川省雅安市

1987年7月26日，董占林视察新疆红其拉甫边防连时，
在中巴边界界碑处留影

1999年10月1日董占林与夫人张淑芳合影

董占林将军（中）、罗援将军（右）与本书作者合影

后　记

　　1950 年 12 月 24 日，中国人民志愿军胜利结束抗美援朝第二次战役，彻底粉碎了以美国为首的"联合国军"占领全朝鲜的企图，迫使"联合国军"由进攻转入防御，从根本上扭转了朝鲜战局，打破了美军想要"快乐度过圣诞节平安夜"的美梦。71 年后，2021 年的这天，我开始动笔写这本书，用书中真实的人物和故事，向敢于应战的、英勇的、伟大的中国人民志愿军致敬。

　　在 2020 年，也就是中国人民志愿军抗美援朝出国作战 70 周年纪念这一年，我对这些老战士、老英雄进行了采访和拍摄。近距离接触，静静地听他们回忆久远的往事和那激情燃烧的青春岁月，听他们讲述他们在抗美援朝战场上经历的惨烈战斗和目睹同伴的牺牲。他们都是有血有肉的年轻战士，是舍身为国的人民子弟兵，回国后更多的人却选择深藏功与名，默默地发光发热。他们的事迹极大地震撼了我，又深深地打动了我。因此，我通过文字，把这些人和这些人的故事记录下来，向读者们展现老战士们真实的故事和不平凡的人生。在这些老战士里，有的是一级伤残军人，有的是一等功臣，有的是电影《上甘岭》原型人物，每一位都是值得吾辈永远铭记的英雄。2021 年 6 月 15 日 7 时 30 分，我从老英雄家人那里得知，抗美援朝一等功臣张计发老前辈因病医治无效，在河南信阳去世。张老前辈的去世，让我写这本书的信念更加坚定，也感到时间更加紧迫。随着时间的推移，在世的志愿军老战士会越来越少，他们的故事如果不能得到及时、详尽、真实的记录，或许就会被后人慢慢遗忘。

作为一名电视工作者，能够有幸采访到那么多志愿军英雄，是我的荣幸。同时，作为一名青年人，我深知没有他们的牺牲和付出，就不会有今天的和平生活。采访结束后，我时常关注着这些老战士们，并认为用一本书来记录他们，是向英雄致敬、铭记历史的最好方式。由于水平有限，也许还有很多不妥之处，希望读到此书的朋友们批评指正。我的表达不够好，但希望能用最真挚的情感和英雄们真实的事迹，让每一位读到本书的读者能够再次认识他们，记得他们。

这些年，我负责的军事题材纪录片能够成功制作，以及此次《应战：我的抗美援朝》一书能够顺利出版，要感谢很多师友的鼓励和指导，他们的鼓励就是我前进的动力。由衷地感谢为创作这本书，以及在抗美援朝战争题材上给予我大力支持的齐德学将军、罗援将军、徐焰将军、姚有志将军、童宁老师等前辈。在序言中，我感受到了各位前辈对我的鼓励和表扬，这让我诚惶诚恐。我自知还有很多不足和差距，但前辈们的鼓励让我在前行的道路上倍感温暖，也是我始终保持谦虚谨慎、勇往直前的动力。

同时还要特别感谢中华书局的欧阳红老师，这本书能够顺利面世，得益于她的鼓励和支持。我们在上海的一次研讨会上相识，在交谈中她得知我正在写一本有关抗美援朝的书，立马向我发出邀约。我回京后怀着忐忑的心情发去了样稿，没想到欧阳老师很认可，鼓励我把剩下的人物撰写完成。就这样，在欧阳老师的鞭策下，我接续奋战，终于在短期内完成了初稿。所以，这本书能够出版，要特别感谢欧阳红老师的坚持，以及她为此书付出的努力。后来在交流中我得知，欧阳红老师的父亲也是一名抗美援朝老兵。完稿前，我一再对欧阳老师说，写这本书的初心并不是自己想出书，而是怀着对英雄们的敬仰，向老英雄们致敬，让更多人知道他们，他们所有人都值得我们永远铭记。因此，出版此书，我们有一个共同的出发点，有一个共同的心愿，那就是致敬参加抗美援朝的老战士们，致敬这段中国人民的共同记忆，致敬这段艰苦卓绝的伟大历史。往后，我将不负师友的鞭策和激励，继续踏着革命前辈的足迹，学习他们坚忍不拔的意志品质，发扬他们的顽强拼搏的斗争精神，在本职岗位上披荆斩棘，再接再厉。

秦　远

2023 年 9 月 22 日